KB267771

인생을 위한 최소한의 생각

인생을 위한
최소한의 생각

신영준
고영성

지음

상상스퀘어

생각의 멸종

우리는 손안의 작은 화면을 들여다보며 하루 대부분을 보냅니다. 스크롤을 내리고, 클릭하고, 넘기고, 다시 스크롤을 내립니다. 그렇게 시간이 흘러가는 동안 어느새 정신은 멍해져 있습니다. 무언가를 보긴 했지만 기억나는 것은 없고, 정보는 넘쳐나지만 생각은 사라졌습니다. 우리는 끊임없이 자극받는 대신, 깊이 생각하는 법을 조금씩 잃어가고 있습니다.

이것은 단순한 시간 낭비의 문제에 그치지 않습니다. 현실에서는 우리의 뇌가 근본적으로 변하고 있습니다. 짧은 영상에 익숙해진 뇌는 긴 글을 읽지 못하고, 즉각적인 자극에 길든 정신은 복잡한 사유를 견디지 못합니다. 그 결과 문해력은 눈에 띄게 저하되고 있습니다. 책을 읽어도 의미가 들어오지 않고, 글을 쓰려고 해도 생각은 좀처럼 하나로 모이지 않습니다. 우리는 문자를 읽을 수는 있지만, 그 안에 담긴 맥락과 의도를 이해하는 능력을 잃어가고 있습니다. 우리는 '실질적 문맹'이 되어가고 있습니다.

생각할 힘이 약해지자, 대화의 깊이도 함께 얕아졌습니다. 사람들은 더 이상 깊은 대화를 나누지 않습니다. 이야기는 표면을 스치듯 오가고, 조금만 복잡한 주제가 등장해도 금세 피로를 느낍니다. 서로의 생각을 끝까지 듣고, 다른 관점을 이해하려 애쓰며, 함께 사유하는 대화는 이제 드뭅니다. 우리는 같은 공간에 있지만 각자 자기 화면만 들여다보고, 함께 있으면서도 외롭습니다. 이해하지 못하니 오해가 쌓이고, 그 오해는 쉽게 분노로 번지며, 세상은 더 각박해집니다. 타인을 이해할 능력을 잃은 사회는 공감도, 연대도, 따뜻함도 잃습니다.

이 흐름은 나이가 들수록 더 가속됩니다. 젊을 때는 그나마 집중력과 학습의 여력이 남아 있지만, 시간이 흐를수록 이해력은 둔해지고 새로운 것을 받아들이는 유연성은 줄어듭니다. 그래서 우리는 점점 더 쉬운 자극을 찾게 됩니다. 스마트폰을 더 많이 보고, SNS에 더 많이 의존하며, 생각하지 않아도 되는 콘텐츠에 더 깊이 빠져듭니다. 생각하지 않을수록 사고력은 더 떨어지고, 사고력이 떨어질수록 우리는 더 사유를 회피하게 됩니다. 이것은 단순한 습관의 문제가 아니라, 사고 능력이 점진적으로 마모되는 악순환입니다. 근육을 사용하지 않으면 쇠퇴하듯, 생각하지 않는 정신 역시 서서히 기능을 잃어갈 수밖에 없습니다.

역설적으로 우리는 인류 역사상 가장 풍요로운 시대를 살고 있습니다. 과거의 왕들조차 누리지 못했던 편리함을 손안에 쥐고, 클릭 한 번이면 세상의 모든 정보에 닿으며, 필요한 것은 거의 즉시 손에 넣을 수 있습니다. 그러나 삶의 조건이 이토록 개선되었음에도, 사람들의 마음은 좀처럼 가벼워지지 않습니다. 많은 이들이 이유를 알 수 없는 불안에 시달리고, 공허함 앞에서 무력해지며, 삶의 방향을 잃은 채 흔들리고 있습니다. 풍요는 늘었지만, 만족은 깊어지지 않았습니다. 우리는 편리해졌지만, 행복해졌다고 말하기는 어려운 시대를 살아가고 있습니다.

그 이유는 분명합니다. 풍요로움은 삶을 편하게 만들 수는 있지만, 삶에 의미를 부여하지는 못하기 때문입니다. 진정한 행복은 외부 조건이 아닌 내면의 깊이에서 비롯되며, 그 깊이는 생각하는 힘 위에서 형성됩니다. 생각할 수 없는 사람은 자신의 삶을 해석할 수 없고, 해석되지 않는 삶은 결국 공허로 남습니다. 우리는 물질적으로는 충분히 채워졌지만, 정신적으로는 점점 말라가고 있습니다. 배는 부르지만 마음은 허기진 상태로 하루를 견디고 있는 셈입니다. 지금 우리에게 부족한 것은 더 많은 정보나 소유가 아니라, 삶을 이해하고 해석할 수 있는 사유의 힘입니다.

이 위기에서 벗어나기 위해 우리에게 반드시 요구되는 것은 대단한 지식이 아닙니다. 삶을 살아가는 데 필요한 최소한의 생각입니다. 무엇을 추구하며 살아야 하는가? 관계는 어떻게 지켜야 하는가? 고통은 어떻게 통과해야 하는가? 그리고 어떤 삶이 끝내 후회로 남지 않는가? 이런 근본적인 질문 앞에 다시 서는 일입니다. 질문을 외면한 채 살아가는 삶은 아무리 풍요로워도 방향을 잃고 맙니다. 생각을 회복하는 일은 곧 삶의 중심을 되찾는 일이며, 이 책은 그 출발점이 되고자 합니다.

감사하게도 우리는 처음부터 다시 시작할 필요는 없습니다. 이미 앞서 걸어간 이들이 남긴 사유의 흔적이 존재하기 때문입니다. 시대를 앞서간 거인들은 우리보다 먼저 삶의 본질적인 질문들과 정면으로 마주했고, 그 고독한 사유의 시간 속에서 인간을 이해하는 깊은 통찰을 길어 올렸습니다. 그들이 남긴 사유는 오늘을 사는 우리에게도 여전히 유효한 등불이 됩니다. 우리는 그들의 어깨 위에 서서, 더 빠른 것이 아니라 더 정확하게 생각하는 법을 배울 수 있습니다.

이 책은 그래서 인생을 위한 최소한의 생각을 담았습니다. 행복, 관계, 자유, 용기, 성장, 의미처럼 삶을 관통하는 주제들을 중심으로, 시대를 초월해 검증된 통찰을 한데 모았습니다. 이 생각들은 삶을 단번에 바꾸는 해답이라기보다, 삶을 바라보는 방향을 바로 세워주는 기준에 가깝습니다. 그것들을 천천히 읽고, 곱씹고, 자신의 삶에 대입하는 과정에서 내면은 조금씩 단단해집니다. 행복은 더 많이 소유하는 데서 완성되지 않습니다. 무엇을 느끼고, 어떻게 해석하며, 어떤 기준으로 살아가는가에 따라 행복은 전혀 다른 얼굴로 우리 앞에 나타납니다. 다행히 행복의 근간을 다지기 위해서는 복잡한 철학이나 어려운 이론이 필요한 것이 아닙니다. 단 몇 가지 핵심적인 생각만 제자리에 놓여도, 삶은 이전과는 다른 궤도로 움직이기 시작합니다.

생각의 멸종 시대에 우리는 다시 생각해야 합니다. 끊임없이 쏟아지는 자극 속에서 화면을 내려놓고, 잠시 멈춰 서서 스스로에게 질문해야 합니다. 이것은 결코 쉬운 선택이 아닙니다. 즉각적인 쾌락에 길든 뇌에서 깊은 사유는 불편하고 낯설게 느껴질 수밖에 없습니다. 그러나 그 불편함을 견디는 시간 속에서만 인간은 다시 자신을 회복합니다. 생각은 고통 속에서 단련되고, 사유는 침묵 속에서 되살아납니다.

이 책이 그 조용한 시작이 되기를 바랍니다. 화면 대신 책을 들고, 스크롤 대신 페이지를 넘기며, 자극 대신 사유를 선택하는 시간. 그 작고 느린 선택들이 쌓일 때, 우리는 멸종 위기에 놓인 생각을 다시 불러들이고, 풍요 속에서 길을 잃었던 삶의 중심을 되찾게 될 것입니다. 그리고 그 자리에서 비로소, 오래 잊고 지냈던 진짜 행복과 마주하게 될 것입니다.

2026년 1월

신영준, 고영성

I

To pity distress is but human; to relieve it is Godlike.

_Horace Mann

고통을 동정하는 것은 인간적인 일이고, 고통을 덜어주는
것은 신과 같은 일입니다.

_호러스 맨

We are not permitted to choose the frame of our destiny.

But what we put into it is ours.

_Dag Hammarskjold

우리는 운명의 틀을 선택할 권한이 없다.

하지만 그 안에 무엇을 채워 넣을지는 우리의 몫이다.

_다그 함마르셸르

또 다른 목표를 세우거나
새로운 꿈을 꾸기에
절대 늦은 때란 없다.

_레스 브라운

시간이라는 제약은 육신의 노쇠를 결정할 뿐 영혼의 지평까지 가둘 수는 없다. 우리가 진정으로 늙는 순간은 가슴 속 갈망이 사그라져 더 이상 내일을 기대하지 않게 될 때다. 꿈을 꾸는 마음이 살아 있는 한, 삶은 언제나 다시 시작될 여백을 품고 있다. 오늘이라는 하루는 늘 첫 장처럼 조용히 열려 있다.

꿈을 향해 내딛는 걸음에 너무 늦은 계절이란 없다. 오히려 나이 들어 되찾은 꿈은 조급한 욕망이 아닌, 오래 자신을 바라본 끝에 도달한 진실에 가깝다. 어제의 후회에 매몰되지 않고 오늘 새로운 목표를 세우는 행위는, 흘러가는 시간에 무기력하게 끌려가는 것이 아니라 스스로 삶의 방향을 정하겠다는 강력한 의지다.

인생은 마지막까지 미완성으로 남는 예술 작품과 같다. 남겨진 시간의 길이를 가늠하기보다 그 시간을 무엇으로 채울지 고민하는 태도가 삶의 밀도를 결정한다. 죽어가는 시간을 견디는 차원을 넘어 살아있는 시간을 창조하는 자에게, 물리적 나이는 더 이상 삶의 족쇄가 될 수 없다. 늦었다는 두려움보다 지금 시작하는 용기가, 지나간 후회보다 앞으로 나아갈 열망이 삶을 정의한다. 우리의 인생이 그러하기에 절대 늦은 때란 없다.

인생의 모든 무게와 고통에서
우리를 해방시켜주는 한 단어가 있다.
바로 사랑이다.

_소포클레스

인생은 피할 수 없는 무게를 동반한다. 책임, 상실, 후회, 그리고 끝내 혼자 감당해야 하는 고독까지, 살아간다는 것은 끊임없이 짐을 짊어지는 일에 가깝다. 우리는 종종 이 무게를 없애려 애쓰지만, 삶의 고통은 견뎌야 할 조건에 가깝다. 그런 현실 속에서 인간을 무너지지 않게 붙드는 힘은 의외로 단순하다. 바로 사랑이다.

사랑은 고통을 사라지게 하지는 않는다. 대신 고통의 의미를 바꾼다. 무거운 짐을 지고도 가볍게 걸을 수 있는 이유는 내 마음속에 그 짐을 지고 갈 이유인 사랑이 가득하기 때문이다. 사랑하는 존재가 있을 때 사람은 쉽게 무너지지 않고, 견뎌야 할 순간마다 다시 일어설 힘을 얻는다. 사랑은 현실을 바꾸지 않지만, 현실을 견디는 인간을 바꾼다.

사랑은 고통 속에서도 살아가게 만드는 해방이다. 사랑하고 사랑받는 사람은 어떤 고난도 견딜 수 있고, 사랑이 없는 사람은 작은 무게에도 무너진다. 삶을 견딜 수 있게 만드는 것은 그 무게를 지고 갈 이유를 찾는 것이며, 그 이유의 이름은 언제나 사랑이다.

나는 오래전에 돼지와 씨름하지
말아야 한다는 것을 알았다.
당신은 더러워지고,
돼지는 즐거워할 뿐이다.

_조지 버나드 쇼

감정의 소모를 불러일으키는 불필요한 분쟁에서 자신을 지켜내는 지혜는 삶의 품격을 결정한다. 수준이 맞지 않는 이와 다투는 일은 대개 정의의 구현이 아니라, 나의 영혼을 상대의 저급함에 동화시키는 과정이 되고 만다. 소중한 에너지를 낭비하는 사이 정작 지켜야 할 나만의 평온은 흙탕물 속에 잠겨버린다.

상대에게 상처를 주거나 설득하려는 시도는 때로 무의미하다. 진흙 속을 뒹구는 것이 본성인 이에게는 그 비열한 다툼조차 유희일 뿐이기 때문이다. 그들의 방식대로 대응하는 순간, 승패와 상관없이 나는 이미 품격을 잃고 상대가 원하는 싸움터에 발을 들여놓게 된다.

가장 현명한 승리는 다툼에 참여하지 않는 당당한 외면이다. 진흙탕 근처를 서성이지 않고 나의 길을 묵묵히 걷는 것이야말로 나를 존중하는 최선의 길이다. 무모한 씨름 대신 침묵과 거리를 택할 때, 우리는 타인의 비루함으로부터 스스로의 존엄을 온전히 지켜낼 수 있다.

이 지구상에 가만히 있는 것은 없습니다.
성장 중이거나 죽어가고 있습니다.
그것이 나무든 사람이든 마찬가지입니다.

_루 홀츠

정체라는 상태는 실제로 존재하지 않는다. 겉보기엔 멈춰 있는 것처럼 보여도, 안쪽에서는 이미 방향이 정해지고 있다. 위로 뻗을 준비를 하거나, 보이지 않게 힘을 잃어가거나. 삶은 언제나 고요한 선택을 반복하며 우리를 어딘가로 데려간다.

아무 일도 하지 않았다고 느낀 하루에도 삶은 조용히 방향을 선택한다. 의식하지 못한 사이에도 우리는 이미 움직이고 있으며, 그 미세한 차이는 시간이 지나서야 슬며시 모습을 드러낸다.

성장은 언제나 눈에 띄지 않는다. 하루하루의 변화는 너무 작아 스스로도 체감하지 못한 채 흘러간다. 그러나 그 작은 축적이 쌓이면, 어느 순간 우리는 이전과는 다른 높이에 서 있음을 발견하게 된다.

사람도 나무와 다르지 않다. 배우고, 움직이고, 질문하는 순간에는 조금씩 자라고, 익숙함에 기대는 순간부터는 서서히 생기를 잃는다. 겉으로는 그대로인 듯 보여도, 안쪽에서는 이미 변화가 시작된다.

그래서 하루를 가늠하는 질문은 단순하다. 오늘 나는 어제보다 조금이라도 나아졌는가? 새로운 것을 배웠는가? 아니면 익숙한 것에만 머물렀는가? 그 대답이 곧 우리가 지금 어떤 방향으로 삶을 보내고 있는지를 말해줄 것이다.

우리는 과학과 기술에 절묘하게 의존하는
사회에서 살고 있지만, 과학과 기술에 대해
아는 사람은 거의 없다.

_칼 세이건

현대인은 화려한 기술의 혜택을 누리지만, 동시에 가장 무력한 관찰자로 전락했다. 칼 세이건의 말처럼 우리는 과학기술에 생존을 의존하면서도 그 작동 원리는 이해하지 못한다. 손가락 하나로 세상을 연결하지만 이면을 모르는 우리에게 기술은 마법에 가깝다. 원리를 모른 채 기술에 의존하는 삶은 필연적으로 주도권을 타인에게 넘기는 '지적 예속'으로 이어진다.

기술맹(技術盲) 사회는 편리함이라는 마취제로 비판적 사고를 잠재운다. 알고리즘의 추천을 진실로 받아들이고 기계의 판단을 운명처럼 따르는 태도는 인간의 판단 능력을 서서히 무디게 만든다. 작동 원리에 대한 이해를 포기하는 순간, 도구는 수단을 넘어 우리의 가치관을 규정하는 설계자가 된다.

우리에게는 지적 주권을 지키기 위해 내가 딛고 선 문명이 어떤 논리로 움직이는지를 끊임없이 묻는 '최소한의 저항'이 절실하다. 완전한 이해보다 중요한 것은 이해하려는 태도다. 기술을 맹신하지 않고 질문할 줄 아는 자세, 편리함 앞에서 한 번 더 생각하는 습관이 인간을 시스템의 부속품으로 만들지 않는다. 알지 못해도 묻는 사람과 묻지 않기로 선택한 사람 사이에는 사유의 주체성이라는 결정적인 차이가 생기고, 질문을 멈추지 않는 태도만이 기술의 시대 속에서도 인간을 인간으로 남게 한다.

죄의식을 느끼는 사람은
다른 사람의 결백을 견딜 수 없다.
그래서 그들은 다른 모든 사람을 자신의
수준으로 끌어내리려 할 것이다.

_찰스 제임스 폭스

자신의 허물을 마주할 용기가 없는 자는 타인의 깨끗함을 시기하며 방어 기제를 작동시킨다. 타인의 청렴함은 그 자체가 자신의 일그러진 내면을 비추는 거울이 되기 때문이다. 그들은 스스로 고결해지기보다 타인을 진흙탕으로 끌어내려 자신의 오점을 평범한 것으로 둔갑시키려 한다.

이러한 끌어내리기는 비겁한 안도감을 얻기 위한 몸부림이다. 모두가 자신만큼 타락했다고 믿어야만 죄책감이 희석되기 때문이다. 그들은 결백한 진심을 의심하고 사소한 흠집을 찾아 부풀린다. 타인의 빛을 끄는 것으로 자신의 어둠을 감추려는 허망한 시도인 셈이다.

이들의 공격은 그들이 가장 두려워하는 것이 무엇인지 보여준다. 타인의 결백을 견디지 못하는 독설은 자신을 구원하지 못한 영혼의 비명과 같다. 그러므로 우리는 시기 어린 비난에 흔들릴 필요가 전혀 없다. 그들의 비방은 그들 내면의 짙은 그늘을 증명하는 고백일 뿐이다.

대부분의 사람들은
이해하려는 의도로 듣지 않는다.
그들은 대답하려는 의도로 듣는다.

_스티븐 코비

같은 '듣기'라도 그 출발점에 따라 대화의 풍경은 완전히 달라진다. 누군가는 상대의 마음을 진심으로 따라가지만, 누군가는 자신의 말을 끼워 넣을 틈만 노린다. 전자의 귀는 상대를 향해 열려 있고, 후자의 귀는 오직 자기 차례를 기다리는 신호등을 향해 있다.

대답할 기회만 엿보며 듣는 이에게 상대의 말은 단지 반박을 위한 재료일 뿐이다. 이런 대화에서 이해는 사라지고, 순서만 바뀐 두 개의 독백이 공허하게 교차한다. 반면, 이해하려는 태도는 말의 속도보다 그 이면에 머무는 의미의 무게를 살핀다. 그 순간 대화는 사람의 영혼이 교감하는 품격 있는 조우로 진화한다.

진정한 소통은 얼마나 조용히 상대의 말 앞에 머물 수 있는가에 달려 있다. 상대를 이기려는 욕심을 내려놓고 그 마음이 닿을 때까지 기다려 주는 인내, 그 깊고 고요한 경청 속에서 사람과 사람 사이의 진짜 대화가 시작된다.

008

좋은 예술가는 모방하지만,
위대한 예술가는 훔친다.

_파블로 피카소

좋은 예술가는 겉모습을 베끼지만, 위대한 예술가는 그 대상의 정수를 훔친다. '모방'이 타인의 뒤를 따르는 안전한 복제라면, '훔치는 것'은 타인의 유산을 자신의 세계로 끌어와 전혀 다른 생명으로 부활시키는 대담한 재창조다. 위대한 창조는 절대 무(無)에서 태어나지 않고, 타인의 빛나는 영혼을 내 안의 철학과 섞어 새로운 빛을 빚어낼 때 시작된다.

훔친다는 것은 대상의 본질을 해체하고 자신의 감각으로 재조립하는 치열한 내면화다. 출처가 무의미해질 만큼 깊이 스며들어 마침내 나의 일부가 되었을 때, 그것은 오직 나만의 언어가 된다. 위대한 이들은 타인의 아이디어를 빌려오는 데 그치지 않고, 그것을 파괴적인 영감 속에 던져 넣어 세상에 없던 고유한 형상을 추출해낸다.

창조란 세상의 흩어진 파편들을 '나'라는 필터로 걸러내어 고유한 서사를 부여하는 일이다. 타인의 흔적에 나만의 색채를 짙게 투영하여 원본의 경계를 지우고 나만의 형상을 새롭게 빚어내야 한다. 그렇게 타인의 정수를 정중히 약탈하여 내 삶의 문법으로 완전히 녹여낼 때, 우리는 위대함의 문턱에 들어서기 시작한다.

009

여기에는 낯선 사람이 없다.
아직 만나지 않은 친구들만 있을 뿐.

_윌리엄 버틀러 예이츠

낯설다는 감정은 사람 때문이 아니라, 서로의 이야기가 아직 서로에게 닿지 않았기에 생기는 거리일 뿐이다. 우리는 알지 못하는 대상 앞에서 쉽게 긴장하고, 그 공백을 경계로 채우곤 한다. 하지만 단 몇 마디의 대화, 사소하게 겹쳐진 삶의 궤적만으로도 멀게 느껴지던 거리는 의외로 빠르게 좁혀진다.

우리는 종종 경계부터 세우지만, 사실 대부분의 만남은 가능성으로 시작된다. 서로를 이해할 시간이 없었을 뿐, 어쩌면 이미 같은 방향을 바라보고 있을지도 모른다. 세상은 우리가 생각하는 것만큼 차갑지 않다. 아직 이름을 부르지 못한 관계들이, 조용히 만남의 순간을 기다리고 있을 뿐이다.

먼저 다가간다는 것은 관계를 시작하는 용기이자, 세상을 조금 더 넓게 믿어보는 선택이다. 낯섦을 의심이라는 틀에 가두지 않을 때, 모든 우연한 만남은 천천히 온기를 머금기 시작한다. 그렇게 마음의 거리가 허물어질 때, 평범한 인연은 언제든 진실한 우정으로 이어질 준비를 마친다. 여기에는 낯선 사람이 없다. 아직 만나지 않은 친구들만 있을 뿐이다.

진실은 당신에게 맞추려고
자신을 굽히지 않는다.

_맬로리 블랙맨

진실은 인간의 욕망이나 형편에 맞춰 모양을 바꾸는 유연한 존재가 아니다. 그것은 누군가에게 발견되기를 기다리거나 동의를 구하지 않으며, 그저 그 자리에 요지부동으로 서 있는 거대한 암반과 같다. 우리가 진실을 외면하거나 듣기 좋은 말로 그 거친 표면을 덮으려 애쓴다고 해서 진실의 무게가 가벼워지는 법은 없다. 진실의 가장 잔인하고도 위대한 성질은 결코 인간의 사정에 맞춰 자신을 굽히지 않는다는 점에 있다.

선택권은 진실이 아니라 우리에게 있다. 자신의 오만과 편견을 굽혀 진실의 높이에 스스로를 맞출 것인지, 아니면 끝까지 허상을 좇다 진실이라는 벽에 부딪혀 깨질 것인지 결정해야 한다. 진실은 타협하지 않기에, 우리가 진실과 조화를 이룰 수 있는 유일한 방법은 우리 자신의 모순을 깎아내어 진실의 궤도에 스스로를 정렬하는 것뿐이다.

진실을 받아들이는 과정은 때로 뼈아픈 자기부정을 동반한다. 그 아픔을 견디며 진실의 형체에 나의 삶을 일치시키는 과정에서, 인간은 달콤한 거짓의 기만을 물리치고 그보다 훨씬 거대하고 자유로운 진실의 초석 위에서 삶을 재건한다. 무엇과도 타협하지 않는 진실의 속성은, 역설적으로 우리가 온 생애를 기댈 수 있는 가장 단단한 기둥이 된다.

사실의 반대는 거짓이지만, 심오한 진리의 반대는 또 다른 심오한 진리일 수 있다.

_닐스 보어

사실은 하나의 답을 요구하지만, 진리는 종종 둘 이상의 방향을 품는다. 그래서 사실의 세계에서는 옳고 그름이 분명하지만, 진리의 세계에서는 서로 모순되어 보이는 말들이 동시에 의미를 가진다. 단순한 사실이 눈앞의 현상을 설명한다면, 진리는 그 현상 이면에 숨겨진 거대한 질서의 복잡성을 통째로 껴안기 때문이다.

깊은 생각일수록 단정적인 문장으로 끝나지 않는다. 한 진리를 끝까지 밀어붙이면 그 반대편에서도 또 다른 진리가 모습을 드러낸다. 그 모순은 언뜻 오류처럼 보일지라도, 실상은 깊이에 도달했다는 명백한 신호다. 마치 수평선이 하늘과 바다라는 전혀 다른 두 세계를 동시에 품어 하나의 풍경을 완성하듯, 깊은 사유는 양립할 수 없어 보이는 가치들을 유기적으로 결합하며 비로소 온전한 실체에 다가선다.

성급한 확신은 생각을 멈추게 하지만, 서로 다른 진리를 함께 견디는 태도는 사유를 한 단계 더 성숙하게 만든다. 진리에 가까워질수록 정답을 선택하려 하기보다, 서로 다른 답들이 공존할 수 있음을 받아들일 수 있게 된다. 그 인식 속에서 사고는 닫히지 않고 계속 살아 움직인다. 상반된 가치들이 내면에서 격렬하게 충돌하고 화해하는 그 팽팽한 소란함이야말로, 한 인간의 정신이 박제가 되지 않고 깨어 있다는 가장 확실한 증거다.

나는 때때로 사람들의 마음이
깊은 우물과 같다고 생각한다.
바닥에 무엇이 있는지는 아무도 모른다.
우리가 할 수 있는 건,
가끔 떠오르는 것을 보고
짐작하는 것뿐이다.

_무라카미 하루키

사람의 마음은 드러나는 만큼만 보인다. 말과 표정, 선택은 수면 위로 잠깐 떠오른 조각일 뿐이다. 그 아래에는 시간, 기억, 말해지지 않은 감정들이 겹겹이 가라앉아 있다.

타인을 이해한다는 말은 사실 조심해야 할 표현이다. 다만 우리는 보여준 만큼을 존중하고, 보이지 않는 부분은 섣불리 채우지 않을 뿐이다.

모를 수 있다는 마음을 남겨두는 것, 짐작보다 기다림을 선택하는 것. 그 적절한 거리감 속에서 사람의 마음은 온전히 숨을 쉬기 시작한다.

당신은 인생에서 원하는
모든 것을 얻을 수 있다.
단, 다른 사람들이 원하는 것을
얻도록 도와주기만 하면 된다.

_지그 지글러

성공은 타인을 앞질러 나가는 선형적 질주이기보다, 타인의 결핍을 채워 내 세계의 지평을 넓히는 입체적인 확장이다. 타인의 필요를 먼저 살피는 순간, 메마른 거래는 단단한 신뢰로 전환되며, 모든 성과는 고립된 개인의 결과물이 아닌 유기적인 연결망이 빚어낸 합작품으로 재정의된다. 그 과정에서 얻는 진짜 수확은 누구나 곁에 두고 싶어 하는 평판과 거듭해서 찾아오는 운명적인 기회의 누적이다.

가장 경계해야 할 것은 도움의 뒷면에 숨겨진 얄팍한 계산이다. 역설적이게도 조건이 배제된 도움일수록 그 영향력은 더 멀리 뻗어 나가며, 돌아오는 보상의 통로 또한 비교할 수 없이 넓어진다. 단기적인 손익에 매몰되지 않는 순수한 배려는 상대의 내면에 지워지지 않는 부채감을 남기고, 그것은 훗날 그 어떤 계약서보다 강력한 구속력을 발휘한다.

내가 원하는 것을 가장 신속하게 쟁취하는 전략은, 아이러니하게도 나 자신을 중심에서 치워버리는 이타적인 선택에 있다. 타인의 성공을 나의 기쁨으로 삼는 안목이야말로 가장 높은 차원의 주도권 장악이다. 나를 비워 타인을 채우는 그 유연한 결단이, 나를 세상의 중심에 세우는 가장 든든한 토대가 된다.

시간이 부족하다고 말하지 마라.
당신은 헬렌 켈러, 파스퇴르,
미켈란젤로, 마더 테레사,
레오나르도 다 빈치, 토머스 제퍼슨,
그리고 알베르트 아인슈타인에게
주어졌던 것과 정확히 같은 시간을 하루에 가지고 있다.

_H. 잭슨 브라운 주니어

시간은 누구에게나 공평하게 주어진다. 하지만 모두가 시간을 똑같이 쓰는 것은 아니다. 모두에게 매일같이 공급되는 24시간이지만 시간의 밀도는 엄연히 다르다. 시간은 흐르는 자원의 형상을 하고 있으나, 실상은 인간의 의지가 투영되어 농도를 달리하는 입체적인 공간이다.

많은 사람이 바쁜 하루를 보내지만, 어떤 사람은 시간을 흘려보내고 어떤 사람은 그 안에 방향을 심는다. 위대한 성취는 더 분명한 선택에서 나온다. 그런 의미에서 시간이 없다는 말은 종종 우선순위를 정하지 않았다는 고백에 가깝다. 무엇을 미루고 무엇을 남길지 결정하는 순간, 같은 하루는 전혀 다른 밀도로 채워진다.

시간은 중립적이다. 우리에게 기회를 주지만 강요하지 않고, 가능성을 열어두지만 선택하지는 않는다. 시간의 가치는 시간 자체에 있지 않고, 그 안에 무엇을 담았느냐에 있다. 그러므로 우리는 흘러가는 시간을 탓하기보다, 그 시간에 무엇을 새겼는지 돌아봐야 한다. 진실은 명확하다. 시간은 우리를 속이지 않는다. 우리가 그 비어있는 가능성을 어떻게 조각했는지가, 조용히 우리 자신의 본질을 빚어낼 뿐이다.

모든 것을 처음 또는
마지막으로 보는 것처럼 보라.

_베티 스미스

익숙함이라는 안경을 벗고 세상을 대하는 태도는 삶의 경이로움을 회복하는 유일한 길이다. 매일 반복되는 풍경도 처음 마주하는 설렘으로 대하면 생경한 아름다움이 피어나고, 다시는 볼 수 없는 마지막 순간처럼 애틋함으로 대하면 모든 존재는 그 자체로 눈부신 기적이 된다.

처음인 듯 세상을 대할 때 우리 안의 호기심은 깨어난다. 타성에 젖어 무심히 흘려보냈던 일상의 조각들이 고유한 빛깔과 질감을 드러내기 때문이다. 반대로 마지막인 듯 대할 때 우리는 소중함을 깨닫는다. 시간의 유한함을 직시하는 순간, 오늘이라는 하루는 함부로 소비할 수 없는 고귀한 축복으로 거듭난다.

인생의 충만함을 결정하는 것은 일상을 마주하는 시선의 깊이다. 매 순간을 처음이자 마지막으로 여기는 마음은 우리를 현재에 온전히 머물게 한다. 그 시선의 끝에서 우리는 발견할 것이다. 가장 익숙했던 자리에 가장 찬란한 생의 진실이 숨어 있었음을.

잘 보낸 하루가
행복한 잠을 가져다주듯,
잘 보낸 삶이
행복한 죽음을 가져다준다.

_미상

하루를 마쳤을 때 마음이 조용히 가라앉는 날이 있다. 더 해내지 못한 아쉬움보다 외면하지 않았다는 감각이 남는 날이다. 그럴 때 잠은 자연스럽게 찾아온다.

삶의 끝도 그와 닮아 있다. 행복한 죽음이란 도망치지 않고 살아왔다는 담담한 확신에서 비롯된다. 미뤄둔 진실이 적을수록, 삶은 가볍게 정리된다.

오늘을 정직하게 최선을 다해 사는 일은 미래를 대비하는 계산이 아니다. 하루하루를 제대로 마무리하는 습관이 삶 전체를 평온한 끝으로 이끄는 것이다.

우리가 기도할 때, 울 때,
키스할 때, 꿈꿀 때 왜 눈을 감는가?
인생에서 가장 아름다운 것들은
보이는 것이 아니라 마음으로
느끼는 것이기 때문이다.

_덴젤 워싱턴

눈을 감는 순간, 세상은 오히려 더 선명해진다. 시각이 물러나면 감정과 기억, 호흡이 앞으로 나선다. 가장 진실한 감정은 항상 조용하다. 그것들은 시선을 요구하지 않고 집중을 요구한다. 눈을 감는 행위는 감각을 흩어지지 않게 모으는 방식이며, 외부로 향하던 의식을 안쪽으로 회수하는 섬세한 의식의 조율이다.

삶에서 정말 중요한 순간들은 대개 설명되지 않는다. 그저 느껴지고, 몸에 남아 기억이 된다. 누군가의 손을 잡았던 온기, 고요 속에서 들렸던 호흡 소리, 말없이 함께 있었던 시간의 무게. 그런 것들은 눈으로 본 것이 아니라 온몸으로 경험한 것이다. 보지 않으려는 태도 속에서 우리는 오히려 가장 많은 것을 만난다. 눈을 뜨고 있을 때는 표면만 보이지만, 눈을 감으면 깊이가 느껴진다.

가끔은 눈을 뜨는 연습보다 눈을 감는 연습이 필요하다. 보이는 세계에서 한발 물러나는 일은 마음을 자신에게로 되돌려 놓는다. 세상은 끊임없이 우리의 시선을 요구하지만, 진짜 삶은 눈을 감았을 때 들리기 시작한다. 그래서 눈을 감는다는 것은 내면을 열어두는 것이며, 보이는 세계 너머의 감각에 조용히 귀 기울이는 일이다.

우리가 그들을 잊기 전까지,
죽은 이들은 결코 우리에게
죽은 존재가 아니다.

_조지 엘리엇

죽음은 육체의 소멸이지 존재의 소멸이 아니다. 떠난 이가 우리 기억 속에 살아 있는 한, 그들은 여전히 우리와 함께 있다. 그들의 목소리가 우리 안에서 울리고, 그들의 가르침이 우리 선택에 영향을 주며, 그들과 나눈 순간들이 우리 삶을 구성한다. 기억되는 한 그들은 죽지 않는다.

진짜 죽음은 망각이다. 누구도 그 사람을 떠올리지 않고, 아무도 그 이름을 부르지 않으며, 남겨진 흔적이 완전히 지워지는 지점에서 한 인간은 소멸한다. 육체적 죽음은 첫 번째 죽음이고, 망각은 두 번째 죽음이다. 두 번째 죽음이야말로 종국적 소멸을 뜻한다.

기억하는 것은 사랑의 마지막 형태다. 떠난 이를 떠올리고 그들의 이야기를 나누며 우리에게 남긴 유산을 간직하는 일은, 추모를 넘어 그들을 계속 살게 하는 실천이다. 우리가 그들을 기억하는 한, 그들은 우리 안에서 여전히 숨을 쉰다.

019

문화를 파괴하기 위해
책을 태울 필요는 없다.
사람들이 책을 읽지 않게
만들기만 하면 된다.

_레이 브래드버리

사회의 정신적 근간을 위협하는 가장 치명적인 무기는 무관심이다. 외부의 힘으로 지식을 탄압하는 야만성보다, 스스로 읽기를 멈춘 일상의 나태함이 공동체의 지성을 더 철저히 붕괴시킨다. 책이 사라지는 시점은 종이가 타버릴 때가 아니라, 그 안에 담긴 사유의 가치가 사람들의 의식에서 지워질 때이다. 스스로 생각하기를 멈춘 사회에서 지식의 생태계는 형체만 남은 채 서서히 고사한다.

독서는 시대의 이면을 통찰하고, 권력의 모순을 비관하며, 자신을 성찰하는 숭고한 행위이다. 사람들이 스스로 책을 멀리할 때, 사회는 비판적 사고력을 상실하고 자극적인 선동에 취약해진다. 가시적인 억압은 자유에 대한 갈망을 깨우지만, 독서를 외면한 대중은 자신의 사유가 잠식당하는 줄도 모른 채 수동적인 존재로 전락한다.

한 시대의 품격은 시민들의 읽는 습관에 의해 결정된다. 문화를 지키는 일은 소음 속에서도 책을 펼쳐 드는 개인의 고요한 저항이다. 우리가 문장을 읽고 끊임없이 질문하기를 포기하지 않는 한, 어떤 권력도 우리 내면의 세계를 무너뜨릴 수 없다. 지성의 생명력은 읽고 사유하는 깨어 있는 정신 속에 존재하기 때문이다.

**인생에는 두 가지 기본적인 선택이 있다.
현재 상황을 있는 그대로 받아들이거나,
그것을 바꿀 책임을 받아들이는 것이다.**

_데니스 웨이틀리

인생이라는 갈림길에서 우리는 매 순간 두 가지 태도 중 하나를 결정해야 한다. 주어진 환경을 불가항력적인 운명으로 받아들이며 순응하거나, 그 상황을 재구성할 주체적인 책임을 기꺼이 짊어지는 것이다. 전자는 당장의 안락함에 머물게 하지만, 후자는 거친 고통을 통과하며 끝내 우리를 성장의 정점으로 이끈다.

변화는 불평을 멈추고 '내가 무엇을 할 수 있는가'를 묻는 지점에서 시작된다. 진정한 삶의 주인은 결핍과 난관조차 자신이 감당해야 할 몫으로 수용한다. 책임을 선택한다는 것은 결과에 대한 두려움을 뚫고, 내 삶의 항로를 스스로 결정하겠다는 단호한 의지의 표현이다.

미래의 나는 오늘 내가 기꺼이 수용하기로 한 책임의 무게 위에서 완성된다. 책임은 삶의 불확실성을 주체적인 확신으로 바꾸어 놓는 유일한 열쇠다. 주어진 환경이라는 흐름에 몸을 맡긴 채 표류할 것인지, 스스로 삶의 주도권을 쥐고 새로운 길을 개척해 나갈 것인지는 오직 책임을 직시하는 당신의 결단에 달려 있다.

말하기 전에 자신에게 물어보라.
세 개의 체로 걸러지지 않으면
누구에 대해서도 아무것도 말하지 마라.
그것은 사실인가? 친절한가? 필요한가?

_에이미 카마이클

입술을 떠난 말은 흩어지지 않고 타인의 내면에 뿌리를 내린다. 때로는 위로가 되지만, 때로는 가시가 되어 누군가에게 고통의 근원이 된다. 그렇기에 말을 내뱉기 전, 세 겹의 체로 마음을 걸러내야 한다.

첫 번째는 진실이다. 추측과 편견이 섞인 말은 타인의 삶을 왜곡하는 무기가 된다. 두 번째는 친절이다. 온기 없는 진실은 때로 얼음송곳처럼 상대의 가슴을 후벼파기 때문이다. 마지막은 필요다. 사실이고 친절할지라도 그 말이 함께 하는 모두에게 보탬이 되는지 헤아려야 한다.

이 체들을 통과하지 못한 말은 차라리 침묵 속에 머무는 것이 옳다. 말을 아끼는 것은 타인의 존엄을 지키기 위한 배려다. 사려 깊은 말만이 삶의 품격을 증명하고, 우리 사이의 거리를 진심으로 채워준다.

우리 모두는 시궁창에 있지만,
어떤 이들은 별을 바라보고 있다네.

_오스카 와일드

우리는 저마다의 결핍과 비루한 현실이라는 시궁창 속을 살아간다. 삶이 무겁게 짓눌릴수록 시선은 자연스레 아래로 떨어지고, 사람은 절망의 깊이부터 재게 된다. 고개를 숙이는 일은 쉽고, 그 어둠에 머무는 일은 익숙하다. 하지만 그 어두운 구덩이 속에서도 누군가는 고개를 들어 밤하늘의 별을 응시한다.

별을 바라보는 일은 비참함 속에서도 훼손되지 않는 영혼의 가치를 찾으려는 의지다. 별은 손에 닿지 않는 거리에서 빛나지만, 그 존재만으로도 인간은 방향을 잃지 않는다. 눈앞의 어둠이 길을 가로막을 때, 그 희미한 빛은 우리가 어디로 향해야 하는지를 조용히 가리킨다.

삶을 바꾸는 것은 머무는 시선의 위치다. 발이 진흙탕에 빠져 있을지라도 마음이 드높은 곳을 향할 때, 시궁창은 더 이상 감옥이 아닌 별을 꿈꾸는 출발점이 된다. 어떤 순간에도 별을 바라보길 멈추지 않는다면, 우리 안의 어둠은 결국 빛을 더욱 선명하게 드러내는 배경으로 남는다. 그리고 그 빛을 향해 나아가려는 의지야말로, 인간을 끝까지 인간답게 지켜주는 마지막 힘이다.

간단한 일을 완벽하게 해낼 인내심을 가진 사람만이 어려운 일을 쉽게 해낼 능력을 얻게 된다.

_제임스 J. 코벳

위대한 성취는 사소한 반복의 끝에서 태어난다. 그 변화는 늘 조용히, 눈에 띄지 않게 진행된다. 사람들은 화려한 결과에 매료되지만, 정작 그 결과를 만든 동력은 아무도 눈여겨보지 않는 평범한 일상을 성실히 채워낸 인내심이다.

간단한 일을 완벽하게 해내는 과정은 단순히 숙련도를 높이는 시간이 아니다. 그 시간은 자신을 속이지 않는 연습이기도 하다. 그것은 자신의 한계를 마주하고 흐트러지는 마음을 다잡는 정교한 훈련이다. 작은 일에 온 정성을 쏟아 본 사람만이 어려운 과업 앞에서도 흔들리지 않는 평정심과 지혜를 발휘할 수 있다.

기초가 견고한 성은 비바람에 무너지지 않듯, 사소한 성취를 겹겹이 쌓아 올린 시간은 결국 거대한 문제를 꿰뚫는 통찰의 힘으로 응축된다. 그렇게 우리는 지금 눈앞의 단순한 일이 미래의 큰 기회를 맞이할 준비를 만드는 과정임을, 그리고 인내로 다져진 평범함이야말로 비범함으로 나아가는 유일한 통로임을 잊지 말아야 한다.

사랑에 빠진 노인은
겨울에 핀 꽃과 같다.

_조제 마리아 에사 드 케이로스

순리를 거스르고 피어난 존재는 그 자체로 깊은 경의를 불러일으킨다. 만물이 생명력을 잃고 움츠러드는 겨울, 대지의 냉기를 뚫고 피어난 꽃은 치열한 생의 의지 그 자체다. 인생의 황혼에 찾아온 사랑 역시 혹독한 계절을 견디고 기어이 고개를 내민 꽃잎과 같다. 그것은 생의 끝자락에서 피어난 마지막 욕망이 아니라, 모든 계절을 겪어낸 영혼이 비로소 마주한 가장 정직한 생의 응답이다.

겨울꽃은 봄날의 화사함에 기대지 않는다. 시린 바람 속에서 오직 제 안의 온기만으로 꽃망울을 터뜨려야 하기에 그 빛깔은 더욱 선명하고 시리도록 고결하다. 노년의 사랑 또한 수많은 상실과 고독을 지나온 영혼이 바치는 가장 순수하고도 정제된 정열이다.

추위 속에 피어난 꽃은 보는 이의 가슴에 깊은 울림을 남긴다. 사랑에 빠진 노인의 모습은 세월조차 가둘 수 없는 인간 본연의 순수함을 증명하며, 무채색의 풍경에 생동감을 불어넣는다. 겨울꽃이 계절의 불모를 이겨내듯, 노년의 사랑은 여전히 뜨겁게 뛰고 있는 심장 박동으로 살아있음을 노래한다. 그렇게 피어난 사랑은 죽어가는 것들로 가득한 세상에서 인생이 마지막 순간까지 아름다울 권리가 있음을 보여주는 가장 위대한 증거가 된다.

인생의 참된 의미는 자신이
그 그늘 아래 앉을 것이라
기대하지 않는 나무를 심는 것이다.

_넬슨 핸더슨

인생의 진정한 품격은 자신의 생애 안에 수확할 수 없는 열매를 위해 땀을 흘리는 마음에서 시작된다. 사람들은 대개 즉각적인 보상과 안온한 보금자리를 바라며 움직이지만, 어떤 이들은 자신이 누릴 수 없는 미래의 휴식을 위해 묵묵히 삽을 든다.

나무를 심는 행위는 현재의 나를 넘어선 먼 세대와 보이지 않는 약속이다. 뜨거운 볕을 가려줄 무성한 잎사귀는 내 손에서 자라지만, 그 시원한 그늘은 결국 타인의 쉼터가 된다. 이 대가 없는 헌신이야말로 인간이 시간에 대항해 남길 수 있는 가장 아름다운 흔적이다.

종국적으로 삶의 가치는 내가 무엇을 가졌느냐가 아니라 무엇을 남겼느냐로 완성된다. 당장의 그늘이 내게 주어지지 않더라도, 훗날 누군가 그 나무 아래서 숨을 고를 때 나의 생은 시공간을 초월해 영속한다. 보상을 바라지 않는 선의야말로 우리 삶을 가장 숭고하게 만드는 빛이다.

절제의 경계를 넘어서면,
가장 큰 즐거움들도
더 이상 즐겁지 않게 된다.

_에픽테토스

즐거움은 크기보다 거리에서 유지된다. 너무 가까이 다가가면 기쁨은 영혼을 깨우는 감각의 지위를 잃고, 한낱 소모품에 불과한 소비의 대상으로 추락한다. 반복된 자극은 처음의 설렘을 지우고, 결국 무감각만을 남길 뿐이다. 가까워질수록 더 많이 원하게 되고, 더 많이 원할수록 만족은 짧아진다.

절제는 즐거움을 줄이기 위한 장치가 아니다. 오히려 즐거움을 오래 머물게 하기 위한 조건이다. 멈출 줄 알 때 감각은 닳지 않고, 기다릴 줄 알 때 기쁨은 깊어진다. 적당한 간격은 욕망을 억압하는 것이 아니라, 그것이 스스로 숨 쉴 공간을 마련해준다.

넘침은 처음엔 쾌락처럼 느껴지지만, 곧 피로로 바뀐다. 더 강한 자극을 요구하게 되고, 그 순간부터 즐거움은 선택의 영역이 아니라 강요의 영역으로 미끄러진다. 즐거움이 강요에 종속되는 순간, 그것은 더 이상 즐거움이 아니다. 오히려 비극적인 고통으로 변질된다.

절제는 기쁨을 보호하는 태도다. 경계를 세울 때 감정은 오래 살아남고, 거리 덕분에 즐거움은 다시 기다림의 얼굴을 되찾는다. 스스로 멈출 수 있는 사람만이 기쁨을 오래 곁에 둘 수 있다.

II

If you cannot measure it, you cannot improve it.

_ Lord Kelvin

측정할 수 없다면, 개선할 수 없다.

_ 윌리엄 톰슨 켈빈 남작

Holding on to anger is like grasping a hot coal with the

intent of throwing it at someone else; you are the one

who gets burned.

_Buddha

화를 계속 품고 있는 것은 남에게 던지려고

뜨거운 석탄을 손에 쥐고 있는 것과 같다.

정작 화상을 입는 사람은 자기 자신이다.

_부처

궁극적인 비극은 악한 사람들의
억압과 잔혹함이 아니라,
그것에 대한 선량한 사람들의
침묵이다.

_마틴 루터 킹 주니어

악은 늘 소란스럽지만, 침묵은 너무 조용해서 자신을 무고하다고 착각하게 만든다. 아무 말도 하지 않았다는 이유로 아무 책임도 없다고 믿게 되는 순간, 비극은 필연적으로 시작된다. 침묵은 행위가 아닌 듯 보이지만, 결과 앞에서는 분명한 선택으로 기록된다.

침묵은 중립의 얼굴을 하고 있지만 실제로는 한쪽을 선택한다. 아무 말도 하지 않는 사이에도 상황은 기울고, 그 기울어진 무게는 늘 힘 있는 쪽으로 쏠린다. 말하지 않음은 균형을 유지하는 태도이기보다, 이미 움직이고 있는 흐름을 묵인하는 방식일 뿐이다.

선량함은 마음속에만 있을 때 세상을 바꾸지 못한다. 불편함을 감수하고 목소리를 낼 때에야 비로소 우리의 진심이 실체가 된다. 침묵 속의 정의는 자신의 영혼을 달랠 수는 있어도, 세상의 비극 앞에서는 그저 정적(靜寂)에 불과하다.

이 말은 영웅이 되라는 요구가 아니다. 다만 침묵이 가장 쉬운 선택일 때, 그 쉬움이 무엇을 허용하고 있는지 한 번 더 자각하라는 간곡한 요청이다. 아무것도 하지 않음이 가장 안전해 보이는 순간일수록, 그 안전이 누구의 고통 위에 세워져 있는지 돌아보라는 조용한 경고이기도 하다.

사람들이 역사의 교훈에서
많은 것을 배우지 못한다는 것은
역사의 모든 교훈 중에서
가장 중요한 교훈이다.

_올더스 헉슬리

역사는 무수한 시행착오의 기록이자 인류 지성의 집대성이지만, 인류는 놀라울 정도로 그 가르침을 외면한다. 과거의 비극이 오늘날 다른 이름으로 반복되는 이유는 우리가 역사를 타자의 기록으로만 치부할 뿐, 현재를 비추는 거울로 삼지 않기 때문이다.

배움이 없는 답습은 비극의 재생산을 부른다. 같은 실수와 탐욕, 증오가 시대의 옷만 갈아입고 되풀이되는 과정에서 문명은 진보하는 듯 보이나 내면의 어리석음은 제자리를 맴돈다. 역사를 지식으로만 암기하고 그 속에 담긴 인간 본성을 통찰하지 못할 때, 과거의 오답은 미래의 예언이 된다.

중요한 것은 역사를 지식으로 소유하는 것이 아니라, 삶을 대하는 감각으로 체득하는 일이다. 과거는 현재 우리가 내리는 선택 하나하나에 깃들어 있는 살아있는 경고이다. 끊임없이 되풀이되는 연쇄적 비극을 멈추는 힘은 어제를 거울삼아 오늘을 다르게 살겠다는 지극히 개인적이고 정직한 성찰에서 시작된다.

행복의 비결은 자신보다
더 중요한 무언가를 찾아서
그것에 인생을 바치는 것이다.

_대니얼 데닛

행복은 나라는 좁은 울타리에 몰두할 때보다, 시선을 바깥의 고결한 가치로 돌릴 때 찾아온다. 자신만을 위한 만족은 짧은 유희처럼 일시적이나, 나보다 더 거대한 의미에 삶을 의탁할 때 존재는 흔들리지 않는 뿌리를 내린다. 대지에 깊게 내린 뿌리가 폭풍우 속에서도 나무를 굳건하게 지탱하듯, 초월적 목적에 닿아 있는 삶은 세속의 부침에도 쉽게 휘둘리지 않는 평온을 얻는다.

자신보다 소중한 무언가에 헌신하는 것은 더 큰 세계로 나를 확장하는 과정이다. 개인적 욕망을 넘어 숭고한 신념이나 타인의 삶에 마음을 쏟을 때, 우리는 존재의 허기를 극복하고 충만한 기쁨을 맛본다. 그것은 소유에서 오는 만족이 아니라, 연결과 책임에서 비롯되는 깊은 안정감이다.

가장 깊은 행복은 몰입과 헌신의 끝에서 태어난다. 내가 사라질 만큼 가치 있는 일에 생을 던지는 순간, 역설적으로 가장 단단한 자아를 발견하게 된다. 자신을 넘어서는 목적을 가질 때 삶의 고통은 의미로 치환되고, 평범한 일상은 경건한 사명으로 거듭난다.

단지 죽은 물고기들만이
물결을 따라 흘러간다는 것을
결코 잊지 말라.

_맬컴 머거리지

흐름을 따른다는 말은 편안하게 들리지만, 그 안에는 종종 생각을 멈춘 상태가 숨어 있다. 아무 저항도 없이 흘러가는 삶은 자유처럼 보이지만, 실은 선택을 유예한 채 방향을 외부에 맡겨버린 방치에 가깝다. 방향을 정하지 않은 평온은 잠시 유지될 수 있어도, 오래 지속되지는 않는다.

살아 있다는 감각은 거슬러 오를 때 선명해진다. 의문을 품고, 속도를 늦추고, 다수의 방향과 다른 결정을 내릴 때 자기 몫의 길이 만들어진다. 모두가 빠르게 흘러갈 때 멈춰 서는 용기, 당연하게 여겨지는 것에 질문을 던지는 태도 속에서 삶은 다시 감각을 되찾는다.

우리는 지금 가고 있는 이 길이 의도된 선택인지, 아니면 반복된 습관이 만든 결과인지 스스로에게 물어볼 필요가 있다. 남들이 가는 방향이 아니라, 내가 납득할 수 있는 이유로 걷고 있는지 점검해야 한다.

살아 있는 선택은 늘 의지를 요구한다. 그 의지를 실제 행동으로 옮기는 순간, 우리는 더 이상 흐름에 휩쓸리지 않고, 오롯이 자신만의 인생을 살아가기 시작한다.

신이시여, 비록 희망이 없다고
생각할지라도 제가 옳다고
생각하는 것을 포기하지 않을
용기를 주소서.

_체스터 니미츠

신념의 가치는 희망조차 보이지 않는 칠흑 같은 어둠 속에서 증명된다. 눈앞의 결과가 절망적일 때 우리가 붙잡아야 할 것은 승리에 대한 낙관보다는, 옳다고 믿는 가치에 대한 결연한 의지다. 신념은 상황이 좋을 때만 갖는 것이 아닌, 상황이 최악일 때도 버리지 않는 것이다.

용기란 두려움이 없는 상태가 아니다. 무너져가는 현실 속에서도 마땅히 지켜야 할 진실을 저버리지 않는 고결한 고집이다. 성공의 가능성이 희박할지라도 가야 할 길을 걷는 사람에게 현실의 패배는 결코 영혼의 굴복으로 이어지지 않는다.

인간을 위대하게 만드는 것은 과정에 깃든 기개다. 희망이 고갈된 순간에도 양심을 배신하지 않을 용기를 구하는 것은 삶의 주권을 내면에 두겠다는 선언과 같다. 세상이 외면할지라도 옳음을 포기하지 않는다면, 그 고독한 투쟁 자체가 이미 완전한 승리다.

실패하면 실망할 수도 있지만,
시도하지 않으면 절망할 것이다.

_베벌리 실즈

실망은 결과에서 오지만, 절망은 선택에서 온다. 넘어졌다는 사실보다 아예 걸어보지 않았다는 감각이 사람을 더 오래 붙잡는다. 실패의 기억은 시간이 지나면 흐려지지만, 시도하지 않았다는 후회는 좀처럼 사라지지 않는다. 그래서 사람을 지치게 하는 것은 결과이기보다, 손끝에서 빠져나간 비워진 가능성이다.

실패는 구체적이다. 이유가 있고, 흔적이 남고, 다음 선택을 위한 재료가 된다. 넘어졌던 자리에는 배움이 쌓이고, 잘못 디딘 발끝은 방향을 가르쳐 준다. 반면 시도하지 않은 시간은 아무것도 남기지 않는다. 설명할 이유도, 고칠 지점도 없이 공백으로 남는다. 그래서 마음은 더 쉽게 메마르고, 스스로에게 질문조차 던질 수 없게 된다.

용기는 충분히 준비됐을 때 생기지 않는다. 오히려 해보지 않고 남게 될 감정을 더는 견디고 싶지 않다는 마음에서 비롯된다. 미완의 후회보다 선명한 실패를 택하는 결단, 거기서 용기는 시작된다. 실패를 기꺼이 감수한 자리에서, 절망은 더 이상 머물 곳을 찾지 못하고 사라진다.

시도는 성공을 보장하는 행위가 아니라 절망으로 굳어지는 것을 막는 선택이다. 결과가 어떻든, 한 걸음 내디뎠다는 사실만으로 삶은 다시 방향을 얻는다. 그리고 움직임이 생긴 자리에는 언제나 다음 가능성이 따라오게 마련이다.

하루에 한 번도 춤추지 않은 날은
잃어버린 날로 생각해야 한다.

_프리드리히 니체

춤은 단순한 동작이라기보다 실존적 반응에 가깝다. 삶이 건네는 리듬에 몸이나 마음이 잠시라도 응답했는가에 대한 질문이다. 외부의 요구가 아닌 내면에서 올라온 신호에 스스로 허락했는지를 묻는다.

춤추는 순간에는 내일의 계산이 멈추고, 어제의 무게도 잠시 내려놓는다. 지금, 이 순간에만 머무는 연습이 춤이라는 이름으로 나타난다. 그래서 춤은 현란한 기술이기보다 삶을 대하는 태도이며, 능력보다는 용기의 문제다.

춤이 없는 하루는 지금에 머무를 틈을 허락하지 않았다는 뜻이다. 반대로 짧은 춤 하나가 있으면 하루는 흩어지지 않는다. 그 순간 삶이 지금 여기에 다시 맞춰지고, 그 작은 해방이 하루의 방향을 정돈해 주기 때문이다.

니체가 말한 춤은 삶을 가볍게 만들자는 막연한 권유가 아니라 삶의 무게를 견딜 수 있게 만드는 아주 작은 균형 장치다. 그런 균형이 있을 때, 하루는 막연하게 소비되지 않고 다시 한번 생동감 있게 시작될 수 있다.

어부들은 바다가 위험하고
폭풍이 두렵다는 것을 안다.
그러나 그 어떤 위험도 육지에
머물러야 할 이유가 되지는 않았다.

_빈센트 반 고흐

어부에게 바다는 생동하는 터전인 동시에 생명을 위협하는 거대한 심연이다. 그들은 폭풍의 잔인함을 누구보다 잘 알지만, 그 두려움이 안락한 해안에 머물러야 할 이유가 되지는 않았다. 거친 파도 너머에 삶의 실체가 있고, 오직 그 위험을 넘어서야만 삶이 예비한 풍요로운 결실에 닿을 수 있음을 알기 때문이다.

우리 삶의 항로도 이와 같다. 안전한 육지는 평온을 줄지 모르나 결코 새로운 세계를 보여주지는 않는다. 진정으로 살아있다는 것은 두려움의 부재가 아닌, 폭풍 속으로 기꺼이 닻을 올리는 용기다. 우리를 성장시키는 것은 안락함에 머무는 태도보다 파도를 정면으로 마주하는 단호한 선택에 있다.

삶의 항해에서 가장 큰 비극은 폭풍을 만나는 일이 아니다. 최악의 비극은 두려움에 갇혀 항구에 머무는 일이다. 당신이라는 배는 육지에 묶여 있기 위해서가 아니라 대양을 가로지르기 위해 존재한다. 오늘 마주한 그 두려움은 멈추라는 경고가 아닌, 당신만의 광활한 바다가 시작되었다는 장엄한 신호다.

자신의 모순들과 조화를 이루며 사는 법을 배워야만, 삶 전체를 지탱할 수 있다.

_오드리 로드

우리는 내면의 모순을 제거해야 할 결점으로 여기곤 한다. 하지만 충돌하는 자아를 억누르는 대신 그들과 조화를 이루는 법을 익히는 것이야말로 삶의 근간을 세우는 일이다. 우리 안에는 강인함과 유약함, 확신과 의심이 늘 공존하며, 이 불협화음이야말로 우리가 살아있는 존재임을 증명하는 가장 정직한 목소리이기 때문이다.

모순을 부정하는 삶은 언제 무너질지 모르는 위태로운 평온 위에 서 있는 것과 같다. 자신을 하나의 틀에 가두려 할 때 영혼은 질식하고, 억압된 내면은 결정적인 순간에 균열을 일으킨다. 진정한 조화는 서로 다른 조각을 억지로 맞추는 수고를 넘어, 상반된 감정들이 내는 소음을 삶이라는 하나의 선율로 기꺼이 받아들이는 의지에서 비롯된다.

삶을 지탱하는 힘은 완벽함보다는 포용력에서 나온다. 내면의 갈등조차 나를 구성하는 소중한 일부로 껴안을 때, 우리는 마침내 어떤 바람에도 흔들리지 않는 뿌리를 갖게 된다. 모순과 함께 걷는 법을 배우는 것, 그것은 나 자신과 맺을 수 있는 가장 따뜻하고도 위대한 화해다.

**인간에게 장수가 아무런 의미가 없다면
인간은 칠십, 팔십 살까지 살지 않았을 것이다.
인간 삶의 오후도 그 자체로 의미가
있어야 하며, 단순히 인생의 오전에 덧붙여진
초라한 부속물이 되어서는 안 된다.**

_카를 융

융이 말한 삶의 오후는 쇠퇴의 시간을 넘어, 다른 종류의 성숙이 비로소 태동하는 구간이다. 오전에 우리는 세상을 확장하고, 오후에는 그 세상을 이해하기 시작한다.

젊음이 가능성을 늘리는 시간이라면 노년은 의미를 가려내는 시간이다. 더 많이 가지기보다 무엇을 남길지 선택하고, 앞으로 나아가기보다 안쪽으로 깊어지는 방향을 택한다.

삶의 오후는 오전의 연장을 넘어선 전환이다. 속도 대신 통찰이 필요하고, 성과 대신 해석이 요구된다. 그 역할이 없다면 인생은 끝까지 미완성으로 남을 것이다.

장수가 의미를 갖는 이유는 여기에 있다. 삶은 그저 오래 살았다는 숫자에 머무르지 않고, 생의 각 계절이 맡은 고유한 몫을 다할 때 비로소 완성되기 때문이다. 그렇게 삶에서 오후가 제자리를 찾을 때, 인생 전체는 하나의 온전한 이야기로 닫힐 수 있게 된다.

이기심이란 자신이 원하는 대로
사는 것이 아니라, 다른 사람에게
자신이 원하는 방식대로 살라고
요구하는 것이다.

_오스카 와일드

사람들은 흔히 자기 삶의 주권을 지키려는 태도를 이기적이라 오해한다. 그러나 진짜 이기심은 타인의 삶을 내가 원하는 틀에 끼워 맞추려는 오만에서 비롯된다. 타인의 고유한 영역을 침범해 자신의 가치를 강요하는 것이야말로 상대의 존재를 지우고 자신의 욕망만 앞세우는 지독한 독단이다.

진정한 공존은 상대를 내 가치관 안에 가두려는 욕심을 멈추는 데서 시작된다. 타인을 위한다는 명목의 조언이 실상은 상대를 통제하려는 조바심은 아닌지 돌아봐야 한다. 상대가 그만의 색깔로 빛나도록 묵묵히 지켜봐 주는 인내야말로 가장 깊은 수준의 존중이다.

타인의 삶은 그 자체로 경이로운 세계다. 나를 나답게 하는 것이 용기라면, 남을 남답게 두는 것은 성숙이다. 내 틀에 맞추려는 고집을 내려놓고 타인의 결을 존중할 때, 관계는 그제야 억압을 벗어나 서로의 존재를 빛내주는 자유로운 공명에 닿게 된다.

지옥은 자기 자신이다.
그리고 유일한 구원은,
자신을 제쳐두고 다른 이를
깊이 느낄 때 찾아온다.

_테네시 윌리엄스

자신이라는 좁은 벽 안에 갇혀 오직 나의 결핍과 상처만 되풀이해 들여다볼 때, 삶은 그 자체로 거대한 지옥이 된다. 나를 증명하려는 강박과 타인을 이기려는 욕심은 내면을 끊임없이 갉아먹으며 영혼을 황폐하게 만들기 때문이다. 나라는 우상에 매몰되어 타인을 단지 경쟁자로만 여기는 고립된 풍경 속에서는 그 어떤 평온도 뿌리 내릴 수 없다.

진정한 구원은 비대해진 자아를 잠시 내려놓고, 타인의 슬픔과 환희를 나의 것처럼 깊이 느끼는 순간에 찾아온다. 오직 나의 안위만 살피던 시선을 거두어 타인의 진심에 교감하는 순간 우리는 나라는 좁은 틀을 깨고 광활한 생의 연대 속으로 나아간다. 타인을 깊이 이해하려는 그 따스한 마음이 역설적으로 나를 짓누르던 지옥의 무게를 가볍게 만든다.

구원이란 타인의 존재를 받아들여 내 존재의 지평을 무한히 넓히는 일이다. 나의 세계가 타인의 세계와 맞닿아 하나의 흐름이 될 때, 우리는 어느덧 차가운 지옥을 벗어나 온기 어린 안식처를 발견하게 될 것이다.

나는 내가 가진 모든 두뇌를 사용할 뿐만 아니라, 빌릴 수 있는 모든 두뇌도 활용한다.

_우드로 윌슨

자신의 두뇌만을 신뢰하는 자는 지엽적인 편견의 감옥에 갇히게 된다. 인간의 사고는 본래 경험이라는 좁은 창에 의존하기에, 스스로 내린 결론이 완벽하다고 믿는 순간 지성은 고사하기 시작한다. 진정한 영리함은 내 지식의 유능함을 증명하는 데 있지 않다. 내 무지의 경계를 명확히 인지하고, 그 빈틈을 채울 외부의 빛을 기꺼이 받아들이는 담대함에서 비롯된다.

타인의 두뇌를 빌린다는 것은 지식을 복제하는 일에 그치지 않는다. 내가 가진 세계관의 지평을 타인의 시선만큼 넓히는 일이며, 타인이 평생에 걸쳐 응축한 통찰을 내 것으로 이어 붙이는 작업이다. 그 통찰을 빌려오는 순간 우리는 시행착오의 시간을 단축하고, 더 높은 궤도에서 문제를 조망할 수 있는 안목을 얻는다. 지혜로운 이는 세상이라는 거대한 집단지성의 흐름에 자신을 연결함으로써 단일한 개인을 넘어 하나의 거대한 유기체처럼 사고하기 시작한다.

결국 한 개인의 성취는 재능의 크기로 결정되지 않는다. 그가 활용할 수 있는 지혜의 총량에 의해 좌우된다. 내 안의 자원과 밖의 자원을 유연하게 결합할 줄 아는 사람은 결코 고립되지 않으며, 어떤 난관 앞에서도 멈추지 않는다. 공유된 두뇌들이 모여 만든 견고한 지도는 혼자서는 감히 꿈꿀 수 없었던 광활한 대륙으로 우리를 인도하는 가장 확실한 길잡이가 된다.

사원의 종소리는 멈췄지만, 그 울림은 여전히 꽃들 속에서 들려온다.

_마쓰오 바쇼

소리는 찰나에 사라지나 그 파동은 만물에 스며들어 영원히 머문다. 귀에 머물던 종소리가 스러지는 순간, 공기를 흔들던 그 파동은 꽃잎의 미세한 맥박 속으로 옮겨가 보이지 않는 떨림으로 계속된다. 형체가 사라졌다고 존재가 소멸한 것은 아니다. 진실로 귀한 것은 자취를 감춘 뒤에도 삶의 풍경 속에 보이지 않는 향기로 남기 때문이다.

우리 삶의 순간들도 이와 같다. 뜨거웠던 사랑이나 성취는 언젠가 종소리처럼 잦아들지만, 그 여운은 내면에 깊은 무늬를 새기고 일상의 눈빛 속에 살아 숨 쉰다. 그러니 사라진 것을 슬퍼하기보다 그 보이지 않는 울림이 지금 내 곁의 작은 것들을 어떻게 적시고 있는지 가만히 들여다보아야 한다.

사라지는 모든 것은 어딘가에 머문다. 소리가 멈춰 꽃의 향기가 되듯, 당신의 지난 진심은 오늘의 당신을 이루는 배경이 된다. 정적 속을 세밀히 더듬어 보라. 이미 지나간 줄 알았던 고귀한 기억들이 일상 곳곳에서 이름 모를 꽃으로 피어나 여전히 당신에게 속삭이고 있을 것이다.

신은 우리를 죽이기 위해
절망을 보내는 것이 아니라,
우리를 새로운 삶으로
일깨우기 위해 그것을 보낸다.

_헤르만 헤세

절망은 삶이 우리를 버렸다는 신호가 아니다. 지금까지의 방식으로는 더 이상 살아갈 수 없다는 분명한 통보다. 절망은 끝을 알리는 것이 아니라, 변화를 요구하는 것이다. 우리가 익숙하게 의지해온 것들이 더 이상 작동하지 않으며, 새로운 방식을 찾아야 한다는 삶의 경고다.

그 순간 우리는 무엇을 잃었는지보다 무엇을 붙들고 있었는지를 보게 된다. 오래 의지해온 의미가 무너질 때, 삶은 다른 문을 준비한다. 절망은 모든 것을 앗아가는 것처럼 보이지만, 실은 더 이상 필요 없는 것을 떼어내는 과정이다. 그 과정은 고통스럽지만, 새로운 것이 들어올 자리를 만든다.

새로운 삶은 희망의 선언으로 시작되지 않는다. 대개는 이전으로 돌아갈 수 없다는 조용한 인식에서 출발한다. 절망은 그 인식을 피할 수 없게 만드는 정직한 계기다. 더 이상 과거로 돌아갈 수 없음을 받아들이는 순간, 우리는 앞으로 나아갈 수밖에 없다는 것을 깨닫는다.

절망은 끝의 언어가 아니다. 삶이 잠시 숨을 고르고 방향을 바꾸는 지점이다. 그 자리를 통과한 뒤에야 우리는 이전과는 다른 방식으로 살기 시작한다. 절망은, 무엇보다 원초적인 시작의 언어다.

가장 소박한 것들에서 아름다움을
발견하는 힘이 집을 행복하게 하고,
삶을 사랑스럽게 만든다.

_루이자 메이 올컷

행복은 외부에서 길어 올리는 성취를 넘어, 이미 곁에 머무는 평범함을 대하는 시선에 달려 있다. 화려함이나 특별한 사건이 없어도 삶은 충분히 따뜻해질 수 있다.

소박한 것들 속의 아름다움은 좀처럼 눈에 띄지 않아 의식하지 않으면 이내 스쳐 지나간다. 아침 햇살이 드는 창가, 갓 구운 빵의 온기, 아무 말 없이 함께 있는 시간. 그 평범함을 알아채는 감각이 집의 공기를 바꾸고 마음의 결을 다듬는다.

삶이 사랑스럽게 느껴지는 때는 무언가를 더 채울 때보다, 이미 곁에 있는 것에 마음이 편안히 머물 무렵이다. 소박함을 귀하게 여길 줄 아는 사람은 매일을 견디지 않고 기꺼이 살아낸다.

결국 행복은 소유의 크기보다 감각의 깊이로 결정된다. 보이지 않던 사소한 결들을 하나씩 느껴가는 과정이 메마른 일상에 온기를 불어넣기 때문이다. 그렇게 작은 것에서 의미를 발견하는 시선이 집을 안식처로 만들고, 삶 전체를 부드럽게 감싸 안는다.

비가 다시 내리기 시작했다.
비는 아무런 의미도 의도도 없이 그저
떨어지고 또 떨어지는 본성을 충실히
따르며 무겁고도 부드럽게 내렸다.

_헬렌 가너

하늘을 뒤덮은 빗줄기는 누구를 적시겠다는 계산도, 세상을 씻어내겠다는 거창한 의도도 품지 않는다. 그저 위에서 아래로, 무거우면서도 부드럽게 낙하하는 자신의 본성에 순응할 뿐이다. 어떤 사념도 섞이지 않은 이 무심한 반복은 소란스러운 세상의 소음을 지우고, 만물을 각자의 자리에서 고요히 침잠하게 만드는 거대한 평온이 된다.

우리의 삶 또한 가끔은 비처럼 아무런 의도 없이 그저 흐를 수 있어야 한다. 무언가 증명해야 한다는 강박이나 모든 행위에 의미를 부여하려는 조바심을 내려놓는 연습이 필요하다. 그저 주어진 시간을 묵묵히 통과하는 것만으로도 생은 충분히 존엄하다.

비가 내리는 풍경은 우리에게 애쓰지 않아도 괜찮다는 무언의 위로를 건넨다. 비가 땅을 적시는 당연한 순리처럼, 우리의 삶도 거창한 이유 없이 그저 존재한다는 사실만으로 이미 온전하다. 어느 날 비가 온다면, 손바닥 위에 그 무심한 무게를 가만히 올려두어 보라.

044

문제에서 도망칠 수 없다.
그렇게 먼 곳은 없다.

_조엘 챈들러 해리스

어디로 떠나도 문제에서 해방될 수는 없다. 세상 어디에도 나 자신으로부터 숨을 수 있는 은신처는 없기 때문이다. 문제는 외부의 장애물이 아니라 내 발걸음을 따라오는 그림자와 같다. 아무리 먼 곳으로 달아난들 해결되지 않은 짐은 여전히 같은 무게로 어깨에 얹혀 있다. 그렇게 도망은 먼 길을 돌아 다시 나를 마주하는 고된 여정일 뿐이다.

자유는 회피와 외면을 넘어, 냉철한 직면 속에서 비로소 시작된다. 문제를 피해 등을 돌리면 그것은 괴물이 된다. 그러나 마주 보는 순간 윤곽이 분명해지고, 해결의 실마리가 드러난다. 도망칠 곳이 없다는 사실은 절망이라기보다, 지금 이곳이 문제를 매듭지을 자리라는 신호다. 회피에 쓰이던 에너지를 응시의 힘으로 돌려놓는 순간, 우리는 다음 단계로 나아간다.

삶의 문제는 재앙이 아닌 통과해야 할 관문이다. 세상 끝까지 달아나도 당신을 기다리는 것은 어제의 숙제다. 지금 눈앞의 현실을 피하지 말고 대면하라. 그 자리에서 문제를 끌어안으면 막연했던 불안은 가라앉고, 그제야 삶의 주도권이 당신의 손으로 돌아온다.

생각하면 할수록 타인을
사랑하는 것보다 더 예술적인 것은
없다는 것을 깨닫게 된다.

_빈센트 반 고흐

사랑은 끊임없이 되풀이되는 숭고한 선택이다. 뜨거운 감정이 썰물처럼 빠져나간 뒤에도, 다시 그 사람에게 다가가겠다고 마음을 정하는 찰나에 사랑은 비로소 본연의 모습을 드러낸다. 그 애달프고도 아름다운 반복이 사랑을 가장 완벽한 예술로 빚어낸다.

타인을 사랑한다는 것은 자신의 중심축을 기꺼이 옮기는 일이다. 모든 장면을 나의 기준으로만 해석하지 않고, 상대의 고유한 속도와 결을 존중하겠다는 결심인 것이다. 그 미묘하고 세밀한 시선의 조율이 멈춰 있던 관계에 다시 숨을 불어넣는다.

위대한 예술이 단번에 설명되지 않듯, 사랑 또한 명확한 정답을 내주지 않는다. 대신 사랑은 우리 앞에 쉼 없는 질문을 던지며, 그 모호함 앞에 오랫동안 머물게 만든다. 그리하여 사랑은 정해진 목적지에 닿는 완결을 거부하고, 평생을 이어가는 끝없는 탐색의 여정이 된다.

누군가를 사랑하는 일은 존재를 소유하는 욕망보다 서로의 시간을 엮어가는 과정에 가깝다. 비록 완벽하지 않을지라도 그 진심이 매일같이 반복될 때, 함께 보낸 시간은 그 자체로 세상에 단 하나뿐인 위대한 작품이 된다.

소심한 질문에는 언제나
당당한 답변이 돌아온다.

_찰스 달링 남작

소심한 질문은 상대의 오만함을 정당화해 주는 명분이 된다. 자신의 목소리를 의심하며 끝을 흐릴 때, 상대는 그 빈틈을 타고 더 압도적인 확신으로 답변의 자리를 채우기 때문이다. 결국 나의 망설임은 상대에게 나를 가르치거나 휘둘러도 좋다는 무언의 허락과 다름없다.

상대의 답변이 지나치게 고압적이라면 그 기세를 키워준 것은 어쩌면 나의 위축된 질문일지도 모른다. 질문자가 자기 자신을 존중하지 않는 태도를 보일 때, 세상은 그 질문을 가볍게 여기고 더 높은 곳에서 가르치려 든다. 반대로 당당한 질문은 상대가 함부로 선을 넘지 못하게 만드는 보이지 않는 무게감을 형성한다.

그러므로 질문은 나약한 호소를 넘어, 자신의 존재를 단호히 선포하는 행위여야 한다. 내 안의 소심함을 걷어내고 당당하게 물음을 던지는 것. 이는 타인을 공격하려는 게 아니다. 나의 존엄이 함부로 침범당하지 않게 하는 최소한의 방어선이다. 스스로 질문에 확신을 가지면, 세상의 답변도 예의를 갖추기 시작한다.

각각의 새로운 책은
하나의 거대한 도전이다.

_피터 스트라우브

새 책을 집어 드는 순간, 우리는 생각의 안전지대에서 한발 물러난다. 익숙했던 해석이 더 이상 통하지 않을 수도 있고, 당연하다고 여겼던 믿음이 흔들릴 수도 있다. 때로는 동의하지 못하는 문장을 끝까지 따라가야 하며, 불편한 질문 앞에서 쉽게 결론을 내리지 못한 채 머뭇거리게 된다. 바로 그 불확실함과 긴장이 독서의 첫 관문이다.

읽는다는 일은 단순히 문장을 소비하는 차원을 넘어, 오랫동안 고수해온 자기 확신을 잠시 유보하는 선택이다. 저자의 논리에 귀를 기울이고, 자기 경험과 대조하며 생각의 근육을 쓰게 된다. 도전적인 책은 관성적으로 움직이던 생각을 멈추게 하고, 되돌아보게 하고, "나는 왜 이렇게 생각해 왔을까?"를 묻게 한다. 그런 질문이 많이 남을수록 독서는 깊어진다.

이렇듯 새로운 책을 읽는다는 것은 단순한 정보의 습득에 머무르지 않고, 관점의 재배치로 이어진다. 한 권을 읽는 동안 생각의 위치가 조금씩 이동하고, 세계를 바라보는 각도가 미세하게 조정된다. 그렇게 책장을 덮는 순간, 우리는 무엇을 더 '아는 사람'이 되기보다 무엇을 다르게 '보는 사람'이 된다. 그 변화야말로 독서가 우리에게 요구하는 가장 본질적인 도전이다.

모든 위대한 일에는 열정이 필요하지만,
혁명을 위해서는 열정과 대담함이
넘칠 만큼 필요하다.

_체 게바라

모든 위대한 성취에는 열정이 깃들지만, 세상을 뒤엎는 혁명에는 그 열정을 압도할 대담함이 필요하다. 단순히 바라는 마음을 넘어 익숙한 질서를 깨부수고 불가능에 몸을 던지는 용기가 차고 넘칠 때 거대한 변혁이 시작된다. 혁명은 정교한 계산의 산물이기에 앞서, 현실의 벽을 뚫고 나아가는 뜨거운 기세에서 탄생한다.

이 넘치는 에너지는 안주하려는 본능을 거스르고 자신을 극한으로 몰아넣는 동력이 된다. 남들이 한계라고 말할 때 한 걸음 더 내딛는 힘, 두려움을 압도하는 확신이 있어야만 역사의 흐름을 바꿀 수 있다. 열정이 변화의 시작이라면, 대담함은 그 시작을 승리로 이끄는 단호한 마침표다.

삶에서 진정한 혁명을 원한다면 적당한 열정에 머물러서는 안 된다. 자신을 전율케 할 뜨거움과 모든 것을 걸고 나아가는 대담함을 내면에 가득 채워야 한다. 삶의 경계를 가득 채운 에너지는 기존의 삶의 방식에 균열을 낸다. 그렇게 낡은 세계는 무너지고, 그 폐허 위로 이전과는 다른 차원의 새로운 지평이 열린다.

의사소통에 있어서 가장 큰 문제는
의사소통이 이루어졌다는 착각이다.

_조지 버나드 쇼

의사소통의 가장 치명적인 함정은 대화가 무사히 끝났다는 안일한 확신에서 시작된다. 서로의 문장이 오갔다는 사실만으로 온전한 이해에 도달했다고 믿는 순간, 정작 본질적인 의미는 오해의 틈새로 흩어지기 때문이다. 소통의 부재보다 더 위험한 것은 서로 소통했다는 근거 없는 착각이다.

우리는 흔히 뱉은 말이 상대의 머릿속에 그대로 전달되었다고 짐작하지만, 각자의 언어는 서로 다른 경험과 편견의 필터를 거쳐 재구성된다. 이 간극을 무시한 채 고개를 끄덕이는 행위는 침묵보다 못한 단절을 초래할 뿐이다. 착각이 견고해질수록 대화는 평행선을 달리고, 마음의 거리는 오히려 멀어진다.

진정한 의사소통은 '전달했다'는 마침표를 찍는 대신, '제대로 전달되었는가'를 끊임없이 되묻는 물음표에서 완성된다. 이 물음표는 나의 언어가 상대의 세계에 어떤 모양으로 도착했는지 살피는 신중함으로 이어진다. 당연한 이해란 없음을 인정하며 막막한 거리를 좁히는 노력 속에서, 착각의 껍질은 깨지고 진정한 교감이 시작된다.

노년은 갑자기 온다.
생각처럼 서서히 오지 않는다.

_에밀리 디킨슨

노년은 계절이 바뀌듯 서서히 스며드는 것이 아니다. 우리는 세월이 완만한 곡선을 그리며 저물어갈 것이라 짐작하지만, 시간은 침묵 속에 매복해 있다가 한순간에 삶의 문턱을 넘어선다. 노년이란 준비되지 않은 영혼에 던져지는 당혹스러운 선언과도 같다.

이 갑작스러운 방문은 우리에게 현재의 무게를 다시 묻는다. '언젠가'라는 유예된 시간 속에서 노후를 준비한다고 믿었으나, 정작 들이닥친 노년 앞에서 우리는 여전히 서툰 청춘의 마음을 발견할 뿐이다. 준비할 겨를도 없이 마주한 이 낯선 계절은, 우리가 영원할 것처럼 낭비했던 그 수많은 '오늘'이 얼마나 무방비했는지를 아프게 증명한다.

결국 노년이 갑자기 온다는 것은 삶을 나중으로 미루지 말라는 가장 강력한 경고다. 세월이 완만하게 저물어갈 것이라는 기대는 환상일 뿐이기에, 우리는 먼 훗날을 기약하기보다 지금을 뜨겁게 마주해야 한다. 예고 없이 찾아올 시간 앞에 무너지지 않는 유일한 길은, 아직 생의 열기가 남아 있을 때 그 에너지를 헛되이 흩뿌리지 않고 내면의 깊이로 가라앉히는 것이다. 그렇게 응축된 시간만이 예고 없이 당도한 생의 겨울 앞에서도 우리를 묵묵히 지켜줄 것이다.

나는 이 세상을 단 한 번만 지나가리라.
그러므로 내가 다른 사람에게 행할 수
있는 선한 일이나 친절을 베풀 수 있는
일이 있다면 지금 당장 행하게 하소서.
다시는 이 길을 지나지 않을 것이니
그것을 미루거나 게을리하지 않게 하소서.

_스티븐 그렐레

우리는 종종 선한 마음을 미래에 맡긴다. 조금 더 여유가 생기면, 덜 바쁠 때, 더 준비되었을 때 행동하겠다고 말한다. 하지만 그 '언젠가'는 좀처럼 오지 않는다. 삶은 늘 다음 이유를 만들어 내고, 선의는 계획 속에서 미뤄진다. 친절은 완벽한 조건에서 자라지 않는다. 오히려 지금의 틈에서만 피어난다. 부족한 상황 속에서도 나누는 것이 친절의 진면목이다.

이 길을 다시 지나지 못할 것이라는 자각은 삶을 조급하게 만들기보다 도리어 망설임을 덜어낸다. 당장의 실천을 미루지 않는 이유는 선행의 소멸에 대한 두려움보다, 그 순간 자체가 영원히 사라질 것임을 알기 때문이다. 그래서 친절은 미래의 약속이 아닌, 지금 이 자리에서만 가능한 선택이 된다.

이 기도는 착하게 살겠다는 막연한 다짐을 넘어, 지금 할 수 있는 것을 즉시 행동으로 옮기겠다는 구체적 결단이다. 완벽한 때를 기다리지 않고 불완전한 오늘 속에서 움직이는 태도. 되돌릴 수 없는 인생에서 후회를 줄이는 가장 현실적인 길은 언제나 '지금' 할 수 있는 선의를 흘려보내지 않는 데 있다.

최고의 성취는 일과 놀이의 경계를 모호하게 만드는 것이다.

_엘런 J. 랭어

성취의 정점은 일과 놀이가 서로의 영역을 침범하여 마침내 하나로 녹아드는 지점에 있다. 의무와 즐거움이 분리되지 않고, 몰입의 즐거움이 곧 생산적인 결과로 이어질 때 우리는 성공적인 결실을 맺을 수 있다. 그 순간에는 일은 더 이상 고단한 노동이 아니며, 놀이는 단순한 소모가 아닌 창조의 동력이 된다.

이 경계의 모호함은 오직 자발적인 몰입에서만 탄생한다. 결과를 향한 인내보다 과정 자체에서 기쁨을 발견하는 몰입의 끝에 성취는 자연스럽게 뒤따른다. 일의 엄격함에 놀이의 유연함을 입히고, 놀이의 열정에 일의 깊이를 부여하는 이 절묘한 조합은 삶을 형언할 수 없는 활기로 가득 채운다. 이것은 단순히 효율을 높이는 기술이 아니라, 삶을 대하는 영혼의 문법을 바꾸는 일이다.

결국 최고의 성취란 삶을 일터와 휴식처로 이분하지 않는 명확한 태도에서 나온다. 오늘 당신이 하는 일에 놀이의 설렘을 심고, 당신의 놀이에 일의 진지함을 담아보라. 그 두 세계의 경계가 사라지는 순간, 삶의 모든 행위는 존재의 목적을 향해 정렬된다. 억지로 애쓰지 않아도 일상은 자연스럽게 성취의 현장이 되며, 당신의 삶 전체가 거대한 축제로 완성될 것이다.

III

Stretching his hand up to reach the stars, too often man

forgets the flowers at his feet.

_Jeremy Bentham

별에 닿으려 손을 뻗는 동안,

인간은 발밑의 꽃을 너무나도 자주 잊는다.

_제러미 벤담.

Nothing can stop the man with the right mental attitude

from achieving his goal; nothing on earth can help the

man with the wrong mental attitude.

_Thomas Jefferson

올바른 마음가짐을 가진 사람이 목표 달성하는 것을

막을 수 있는 것은 없다.

그러나 잘못된 마음가짐을 가진 사람을

도와줄 수 있는 것도 없다.

__토머스 제퍼슨

시간은 숨겨진 모든 것을
드러낼 것이고,
지금 찬란하게 빛나고 있는 것도
덮고 숨길 것입니다.

_호라티우스

시간은 두 개의 손을 가졌다. 한 손은 어둠 속에 묻힌 진실을 끄집어낸다. 감춰졌던 것은 언젠가 수면 위로 떠오르고, 화려한 거짓은 결국 그 민낯을 드러낸다. 아무리 정교하게 포장해도 세월이라는 강물은 모든 허울을 벗겨낸다.

다른 한 손은 찬란했던 것을 망각 속으로 밀어 넣는다. 오늘 세상을 뒤흔드는 업적도, 불멸처럼 보이는 명성도 시간 앞에서는 한낱 신기루에 불과하다. 모든 영광은 먼지처럼 가라앉고, 기억되던 이름들은 침묵의 장막에 덮인다.

이 잔혹한 공평함이 우리에게 남기는 교훈은 명징하다. 숨기려 애쓰지 말라. 시간은 반드시 그것을 폭로한다. 동시에 오늘의 찬사에 도취되지 말라. 시간은 그 빛나는 순간마저 집어삼킨다.

그렇다면 우리가 붙잡아야 할 것은 무엇인가? 드러나든 가려지든 변하지 않는 본질이다. 진실하게 살고, 겸손하게 빛나라. 시간이 무엇을 하든 흔들리지 않는 삶, 그것만이 진정으로 견고하다는 사실을 명심하라.

신념이란 보이지 않는 것을 믿는 것이며, 이 신념의 보상은 믿는 것을 보게 되는 것이다.

_성 아우구스티누스

신념은 증명된 사실을 수용하는 안일함을 뒤로하고, 아직 증명되지 않은 진실을 삶으로 입증해 나가는 고귀한 투쟁이다. 보이지 않는 가치를 미리 신뢰하며 그 방향으로 삶을 던지는 용기야말로 신념의 본질이다. 아직 확인할 수 없는 미래를 현실로 받아들이는 단호한 확신은, 막연한 기대를 넘어 삶을 지탱하는 가장 강력한 뿌리가 된다.

이 신념의 보상은 단순히 원하는 바를 얻는 것이 아니다. 내가 믿어온 관념이 실체가 되어 눈앞에 펼쳐지는 순간을 목격하는 일이다. 흔들리지 않고 걸어온 시간이 보이지 않던 길을 만들고, 마침내 그 끝에서 신념의 실현과 마주하게 된다. 믿음은 보이지 않는 것을 보는 눈이며, 성취는 그 눈이 바라본 풍경이 현실이 된 상태다.

이렇듯 자기 확신을 끝까지 지켜낸 자만이 누릴 수 있는 '증명된 진실'이 바로 신념의 최종적인 보상이다. 비록 당장 결과가 보이지 않아도 그 가치는 결코 사라지지 않으며, 그 보이지 않는 가치를 끝내 믿어내는 몰입의 끝에, 당신이 꿈꾸는 세계를 현실로 소환할 유일한 열쇠가 놓여 있다.

누구나 친구의 고통에 공감할 수 있지만,
친구의 성공에 공감하기 위해서는
매우 고매한 성품이 필요하다.

_오스카 와일드

고통 앞의 연대는 비교적 쉽다. 불행은 기준을 낮추고, 위로는 우월감을 요구하지 않기 때문이다. 상처받은 사람 앞에서는 누구도 경쟁자가 되지 않는다. 그래서 우리는 타인의 아픔에는 비교적 자연스럽게 손을 내민다.

하지만 성공 앞의 공감은 전혀 다른 차원의 문제다. 그 순간 무의식적인 비교가 시작되고, 마음 한편에서는 질투와 결핍이 조용히 고개를 든다. 진심으로 축하한다는 것은 타인의 성취를 자신의 삶과 분리해 바라볼 수 있는 정신적 거리감을 뜻한다. 그것은 생각보다 훨씬 성숙한 능력이다.

고매함은 감정을 느끼지 않는 데 있지 않다. 부러움이 스치고, 흔들림이 생길 수는 있다. 그러나 그 감정에 휘둘려 관계를 왜곡하지 않는 데 품격이 있다. 그렇게 함께 기뻐할 수 있는 태도는 타인을 향한 호의 이전에 자기 삶에 대한 신뢰에서 비롯된다.

그렇게 친구의 성취 앞에서 흔들리지 않는다면, 당신은 이미 내면이 충만한 사람이다. 타인의 빛이 나를 어둡게 만들지 않는다는 그 평온함이야말로, 당신이 마음속 전쟁을 이미 끝내고 오롯이 자신만의 고유한 궤도에 들어섰다는 가장 선명한 증거다.

모든 이별은 죽음의 한 형태이며,
모든 재회는 천국의 한 형태이다.

_트라이언 에드워즈

이별은 작은 죽음이다. 함께였던 시간이 멈추고, 익숙했던 존재가 부재로 바뀌며, 일상에서 그 사람의 자리가 텅 비는 순간, 우리는 상실을 경험한다. 육체적 죽음만큼 극적이지는 않아도 그 고통의 본질은 같다. 무언가 소중한 것이 영원히 사라졌다는 두려움 말이다.

하지만 재회는 부활이다. 멀어졌던 이와 다시 마주하는 순간, 멈춰 있던 시간이 다시 흐르고, 잃어버렸던 세계가 되살아난다. 그 사람의 목소리, 웃음, 온기가 돌아오는 순간 우리는 회복된다.

인생은 이 두 움직임의 반복이다. 우리는 끊임없이 누군가를 떠나보내고, 누군가와 다시 만난다. 이별의 아픔 없이는 재회의 기쁨도 없고, 상실의 무게를 알기에 만남의 소중함을 깨닫는다. 삶은 이 작은 죽음과 작은 부활을 통해 우리를 단련시킨다.

떠나보냄의 슬픔과 다시 만남의 기쁨, 그 사이에서 우리는 관계의 진짜 무게를 깨닫는다. 지금 누군가와 멀어지고 있다면 절망하지 않기를. 진정한 관계는 물리적 거리로 소멸하지 않으며, 지금의 헤어짐은 훗날 더 깊어진 모습으로 마주하기 위해 잠시 숨을 고르는 시간일 뿐일 테니까.

죽음은 삶보다 더 보편적이다.
모든 사람은 죽지만,
모든 사람이 사는 것은 아니다.

_앤드루 작스

죽음은 피할 수 없지만, 삶은 선택이다. 시간은 누구에게나 동일하게 주어지지만, 그 시간을 어떻게 통과했는지는 사람마다 전혀 다르다. 어떤 이는 시간을 그저 견디고, 어떤 이는 시간을 온전히 살아낸다. 같은 하루가 지나도 남는 감각이 다른 이유다.

살아간다는 것은 그저 숨을 쉬며 하루를 소비하는 일이 아니다. 그것은 자기 기준으로 하루를 통과하는 일이며, 무엇을 따르고 무엇을 거부할지 스스로 결정하는 행위다. 관성에 몸을 맡기지 않고, 익숙함 속에서도 무뎌지지 않으려 애쓰는 태도에서 삶은 윤곽을 갖기 시작한다.

많은 사람들은 살고 있다고 말하지만, 실제로는 무의식적 반복 속에 머문다. 두려움을 피하고, 편안함을 고수하며, 선택의 책임을 미룬 채 시간을 흘려보낸다. 그렇게 하루는 이어지지만, 삶의 감각은 점점 희미해진다.

앤드루 작스는 묻는다. 우리는 얼마나 오래 살 것인가가 아니라, 얼마나 깨어 있는 시간으로 살 것인가를. 죽음은 누구에게나 찾아오지만, 절대 삶은 저절로 주어지지 않는다. 삶은 스스로를 자각하고, 오늘을 선택하겠다고 마음먹는 순간에 경이롭게 시작된다.

내 언어의 한계가
곧 내 세계의 한계이다.

_루트비히 비트겐슈타인

우리는 언어로 생각한다. 단어가 없으면 개념도 없다. 표현할 수 없는 것은 인식조차 되지 않는다. 미묘한 감정의 결을 포착할 어휘가 없다면 그 감정은 그저 막연한 기분으로만 남는다. 언어는 세계를 구획하고 경험을 조직하는 틀 자체다. 이 틀의 정교함이 곧 우리가 마주하는 현실의 해상도를 결정한다.

언어가 빈곤하면 세계도 빈곤해진다. 감정을 표현하는 어휘가 부족한 사람은 자기 내면의 복잡성을 제대로 이해하지 못한다. 반대로 풍부한 언어를 가진 사람은 같은 현상 속에서도 더 많은 층위를 발견하고, 더 섬세한 구별을 만들어낸다.

언어를 확장하는 것은 곧 세계를 확장하는 일이다. 새로운 단어를 배울 때마다 우리는 이전에는 보이지 않던 것을 보게 된다. 철학, 예술, 과학의 언어를 익히는 것은 단순히 지식을 얻는 것이 아니라 완전히 새로운 방식으로 현실을 경험하는 능력을 얻는 것이다.

당신의 세계를 넓히고 싶은가? 그렇다면 언어를 갈고닦아라. 더 많이 읽고, 더 정확하게 표현하며, 낯선 개념들과 씨름하라. 언어의 경계를 밀어낼 때마다 새로운 세계의 문이 하나씩 열릴 것이다. 당신이 구사하는 언어의 한계가 곧 당신이 머물 수 있는 세계의 한계임을 잊지 마라.

언제나 친절하라.
당신이 만나는 모든 이는
당신이 전혀 모르는 싸움을
하고 있기 때문이다.

_존 왓슨

길을 가다 마주치는 사람들은 저마다 보이지 않는 짐을 지고 있다. 겉으로는 평온해 보여도 누군가는 병든 가족을 간호하며 잠을 설치고, 누군가는 경제적 파탄의 벼랑 끝에 서 있으며, 누군가는 오래된 상처와 싸우고 있다. 우리는 그들의 내면을 들여다볼 수 없다.

겉모습만으로 사람을 판단하는 것은 위험하다. 무례해 보이는 태도 뒤에는 감당하기 힘든 고통이, 냉담한 표정 뒤에는 극심한 피로가 숨어 있을 수 있다. 우리가 보는 것은 빙산의 일각일 뿐이고, 수면 아래에는 우리가 상상할 수 없는 무게가 가라앉아 있다. 그 거대한 무게를 짐작하는 것만으로도 우리의 시선은 한결 부드러워질 수 있다.

친절은 이 사실을 인정하는 태도다. 상대의 처지를 정확히 알 수 없기에 먼저 부드러움을 건네는 것이다. 작은 친절 하나가 누군가에게는 하루를 버틸 힘이 될 수 있고, 사소한 따뜻함이 절망의 끝에 선 사람에게는 희망의 증거가 될 수 있다.

당신도 보이지 않는 싸움을 하고 있듯, 다른 이들도 그러하다. 판단하기 전에 이해하려 하고, 화내기 전에 공감을 떠올려보자. 친절은 타인의 고통을 헤아릴 줄 아는 성숙함이다. 이 성숙한 배려가 모여 차가운 세상을 조금 더 견딜 만한 곳으로 만든다.

지식의 부족보다
더 큰 해를 끼치는 것은
관심의 부족이다.

_벤저민 프랭클린

지식은 세상을 해석하는 도구일 뿐이지만, 관심은 세상을 살아있게 만드는 동력이다. 무지는 배움을 통해 채울 수 있는 빈 공간에 불과하나, 무엇에도 마음을 두지 않는 냉소는 삶의 본질을 뿌리째 고사시킨다. 우리를 진정으로 가난하게 만드는 것은 대상을 향한 따뜻한 시선과 열망의 실종이다.

지식의 부족은 개인의 시행착오에 머물지만, 관심의 부족은 타인의 아픔에 대한 방관으로 이어진다. 고통받는 이에게 필요한 것은 그 원인을 분석하는 지식보다 그를 도우려는 마음의 움직임이다. 관심이 사라진 곳에서는 고도화된 정보조차 사람을 살리는 지혜로 치환되지 못한 채 차가운 논리로만 남을 뿐이다.

지식보다 앞서 가꾸어야 할 것은 대상을 깊이 들여다보는 사랑어린 시선이다. 지식은 대상을 분석하지만, 관심은 대상과 연결되기 때문이다. 세상의 수많은 비극은 상관없다는 무감각에서 비롯된다. 더 많이 아는 것보다 더 깊이 마음 두는 것이 먼저다. 지식은 언제든 배울 수 있지만, 관심을 잃은 마음은 쉽게 되돌릴 수 없다.

진실만을 말한다면,
아무것도 기억할 필요가 없다.

_마크 트웨인

진실은 그 자체로 완전한 질서를 지니고 있기에, 그것을 증명하기 위해 별도의 노력을 기울일 필요가 없다. 있는 그대로를 말하는 사람은 과거의 발언을 복기하거나 논리적 모순을 가려내느라 에너지를 낭비하지 않는다. 마크 트웨인의 통찰처럼, 진실만을 말하는 삶은 거짓을 유지하기 위한 기억의 짐으로부터 우리를 자유롭게 해방한다.

반면 거짓은 존재하지 않는 세계를 지탱하기 위해 정교한 설계와 치밀한 기억력을 요구한다. 하나의 허구를 가리기 위해 또 다른 거짓을 끊임없이 쌓아 올려야 하며, 그 과정에서 생겨난 복잡한 그물망을 일일이 기억해야 하는 고단한 굴레에 갇히게 된다. 거짓은 말하는 이의 정신을 갉아먹고, 언제 무너질지 모르는 가공의 성벽 안에 스스로 고립시킬 뿐이다.

진실하게 산다는 것은 내면의 경제성과 평화를 선택하는 길이다. 사실을 사실대로 말할 때 우리의 정신은 자유로워지며, 기억의 오류를 두려워하지 않고 오직 현재에만 온전히 집중할 수 있다. 진리는 무섭도록 단순하다. 진실하게 살고, 진실만 말하면 된다. 그 단순함이야말로 복잡한 세상 속에서 우리를 가장 안전하게 지켜주는 최후의 보루가 될 것이다.

가장 나쁜 것은 틀리는 것이 아니라, 자신이 결코 틀리지 않았다고 믿는 것이다.

_폴 투르니에

실수는 인간의 본질이다. 누구나 잘못 판단하고, 잘못 선택하며, 잘못 행동한다. 틀리는 것 자체는 문제가 아니다. 그것은 배움의 출발점이고, 성장의 기회이며, 겸손해질 수 있는 순간이다. 실수를 인정하면 계속 나아갈 수 있다.

하지만 자신이 틀릴 수 없다고 믿는 순간, 모든 성장이 멈춘다. 오류를 인정하지 않으니 반성도 없고, 반성이 없으니 개선도 없다. 현실이 자신의 믿음과 어긋날 때 사실을 왜곡하거나 타인을 탓하며, 점점 더 굳어진 확신 속에 갇혀간다. 이것은 지적 정직성의 포기이자 자기기만의 시작이다.

더 위험한 것은 이런 태도가 관계를 파괴한다는 점이다. 절대 틀리지 않는다고 믿는 사람은 진정한 대화를 하지 못한다. 그 앞에서 타인은 존중받지 못하며, 진실한 교류는 불가능해진다. 독선은 숨 막히는 고립을 낳는다.

지혜로운 사람은 자신의 오류 가능성을 항상 열어둔다. '내가 틀릴 수도 있다'라는 한 문장은 사고를 유연하게 만들고, 관계를 숨 쉬게 하며, 사람을 다시 성장의 자리로 돌려놓는다. 진짜 지혜는 늘 옳은 사람이 되는 것에 있지 않고, 틀렸을 때 스스로를 고칠 수 있는 사람이 되는 것에 있다.

오늘은 매우 특별한 날이다. 왜냐하면
우리는 이전에 이날을 산 적이 없고,
다시는 이날을 살지 못할 것이며,
우리가 가진 유일한 날이기 때문이다.

_윌리엄 아서 워드

시간의 흐름 속에서 오늘이라는 하루는 결코 복제될 수 없는 독창적인 선물이다. 어제와 비슷한 풍경 속에 있다고 착각하기 쉽지만, 사실 그 누구도 오늘을 미리 살아본 적은 없다. 오늘은 전에도 없었고 앞으로도 다시는 찾아오지 않을, 우리 생애 유일무이한 시공간이다. 우리는 매일 익숙한 문을 열고 나가지만, 그 문 너머에서 기다리는 것은 단 한 번도 마주한 적 없는 낯선 기적이다.

오늘의 가치는 우리가 실제로 점유하고 통제할 수 있는 유일한 실재라는 점에 있다. 지나간 어제는 수정할 수 없는 기록이고, 오지 않은 내일은 실체 없는 가설일 뿐이다. 오직 오늘만이 우리의 의지로 채울 수 있는 빈 캔버스이자, 우리가 살아있음을 증명할 유일한 기회다.

오늘을 단순히 내일로 가기 위한 통로로 여겨서는 안 된다. 오늘은 미래를 준비하는 수단이 아니라, 그 자체로 완결된 삶의 단위다. 이 찰나의 유한함을 정성껏 대접하는 일이야말로, 나에게 주어진 삶을 가장 정중히 사랑하는 방식이 된다.

새로운 경험에 의해
확장된 마음은 결코 이전의
차원으로 돌아갈 수 없다.

_올리버 웬델 홈스 주니어

경험은 돌이킬 수 없는 변화를 만든다. 한 번 본 것은 볼 수 없던 상태로 돌아갈 수 없고, 한 번 깨달은 것은 무지했던 때로 되돌릴 수 없다. 새로운 세계를 경험한 마음은 이전의 좁은 틀 안에 더 이상 머물 수 없다. 생각의 지평이 넓어진 순간, 삶은 이미 이전과 다른 방향으로 움직이기 시작한다. 확장은 본질적으로 비가역적이다.

한 권의 책이 세계관을 뒤흔들고, 한 번의 여행이 오래된 편견을 무너뜨리며, 한 사람과의 대화가 굳어 있던 사고의 경계를 허문다. 이런 경험 이후 우리는 예전처럼 단순하게 생각할 수 없다. 복잡성을 본 사람은 쉬운 답에 만족하지 못하고, 다양성을 경험한 사람은 하나의 정답만을 고집하지 않는다. 보이지 않던 층위를 경험한 뒤에는 사고 자체가 더 깊은 질문을 요구하게 된다.

이것은 축복이자 숙명이다. 넓어진 마음은 좁은 곳에 다시 들어갈 수 없기에, 우리는 멈추는 대신 앞으로 나아갈 수밖에 없다. 더 많이 질문하고, 더 깊이 탐구하며, 더 넓게 사유해야 한다. 그렇게 인생의 확장은 되돌릴 수 없는 방향으로 이어지는, 멈출 수 없는 여정이 된다.

인생을 깨닫는 방법은
많은 것들을 사랑하는 것이다.

_빈센트 반 고흐

인생을 깨닫는 가장 정직한 방법은 세상의 수많은 것들을 기꺼이 사랑하는 것이다. 여기서 사랑이란 거창한 감정의 파도가 아니다. 길가에 핀 이름 없는 풀꽃의 결을 살피고, 매일 마주하는 타인의 주름진 고단함을 헤아리며, 우리를 둘러싼 사소한 풍경들에 진심 어린 시선을 머무르게 하는 일이다.

우리는 흔히 고독한 사유나 거창한 성취를 통해 삶의 진리에 닿으려 한다. 하지만 삶의 본질은 내가 마음을 준 대상들과의 관계 속에서 선명히 그 형체를 드러낸다. 더 많이 아파하고, 더 깊이 감탄하며, 더 넓게 품어본 사람만이 인생이라는 거대한 지도의 빈칸을 채워나갈 수 있다.

인생의 본질은 더 많이 사랑하는 것에 있다. 무관심하게 스쳐 지나가던 것들에 애정을 쏟기 시작하면, 세계는 그제야 그 깊이를 보여준다. 한 그루 나무, 한 사람의 눈빛, 한 순간의 고요함. 그 작은 것들을 사랑할 줄 아는 마음이 쌓일 때, 우리는 삶의 의미를 깨닫는다. 사랑하지 않고서는 알 수 없고, 알지 못하고서는 살아있다고 할 수 없다. 그래서 기꺼이 사랑하는 것은 삶을 온전히 경험하는 유일한 방법인 것이다.

시간은 가장 희소한 자원이며, 시간이 관리되지 않으면, 다른 어떤 것도 관리될 수 없다.

_피터 드러커

시간이 특별한 이유는 되돌릴 수도, 쌓아둘 수도 없기 때문이다. 돈은 다시 벌 수 있고, 기회는 다시 만들 수 있지만, 지나간 시간은 다시 허락되지 않는다. 한 번 흘러간 순간은 어떤 대가로도 되살릴 수 없기에 시간은 모든 자원 위에 놓인다.

시간이 흐트러진 상태에서는 아무리 뛰어난 계획도 제 역할을 하지 못한다. 우선순위가 무너지고, 집중은 분산되며, 노력은 성과로 이어지지 않는다. 바쁘게 움직이지만 앞으로 나아가지 못하는 이유는 대부분 시간의 질서가 무너졌기 때문이다. 관리되지 않은 시간은 다른 모든 관리를 무력하게 만든다.

시간 관리는 단순히 일정을 촘촘히 나누는 기술이 아니다. 무엇에 시간을 쓰고, 무엇에는 쓰지 않겠다고 정하는 일이다. 그것은 선택의 문제이며 가치의 문제다. 내가 무엇을 선택하고 무엇을 포기하는가가 곧 나의 정체성을 규정하기에, 시간 관리는 곧 '나'라는 존재를 조각하는 행위다. 그런 의미에서 시간을 관리한다는 행위는 하루를 정리하는 차원을 지나 삶의 방향을 정하는 엄중한 선언과도 같다. 시간의 흐름을 바로 세우는 과정에서 일과 목표, 관계는 각자의 제자리를 찾아가기 시작한다.

아침에 일어날 때,
살아 있다는 것이 얼마나
귀중한 특권인지 생각하라.

_마르쿠스 아우렐리우스

아침은 매번 익숙한 반복처럼 오지만, 그 안의 실재는 결코 되풀이되지 않는다. 눈을 떴다는 사실 하나만으로도 오늘은 이미 어제와 다른 생의 첫 페이지다. 우리가 매일 마주하는 아침은 단순히 눈을 뜨는 행위가 아니라, 세상이라는 무대에 다시금 초대받은 고귀한 사건이다.

이 초대를 당연한 권리로 여기지 않아야 한다. 숨을 쉬고, 무언가를 느끼며, 누군가를 사랑할 기회는 오직 오늘이라는 한정된 시공간 속에서만 유효한 특권이기 때문이다. 이 고귀한 권리는 영원히 주어지는 것이 아니기에 현재에 온전히 머무는 것만으로도 우리는 생의 목적에 닿게 된다.

그래서 하루를 시작하는 태도는 삶 전체를 대하는 방식이 된다. 서두르지 않고 이 순간을 자각하는 것, 살아 있다는 사실을 잠시라도 의식하는 것만으로도 하루의 결은 달라진다. 거창한 목표나 다짐이 없어도 괜찮다. 오늘이 다시 주어졌다는 사실을 소홀히 여기지 않는 마음. 그 조용한 인식이 하루를 소모가 아닌 의미로 이끌고, 반복처럼 보이던 삶에 다시 한번 깊이를 부여한다.

090

행복한 가정은 이 세상에서
미리 누리는 천국이다.

_존 보링 경

천국을 멀리서 찾을 필요가 없다. 서로를 이해하는 가족이 모여 있는 식탁에, 편안하게 침묵을 나눌 수 있는 거실에, 있는 그대로의 모습으로 받아들여지는 집 안에 이미 존재한다. 조건 없이 사랑받고, 판단 받지 않으며, 안전하게 쉴 수 있는 곳. 그곳이 바로 이 땅 위의 천국이다.

행복한 가정은 완벽함에서 오지 않는다. 오해를 함께 풀어가고, 실수를 용서하며, 서로의 나약함을 품을 수 있기 때문에 행복하다. 화려한 성취보다 소소한 일상을 나누고, 특별한 계기보다 작은 배려가 쌓여 만들어지는 평온함 속에서 우리는 진정한 안식을 경험한다.

이 천국은 의식적으로 가꾸지 않으면 시든다. 익숙함 속에서 소홀해지고, 당연하게 여기는 순간 멀어진다. 행복한 가정은 작은 관심의 반복으로 이어진다. 한 마디 더 물어보고, 조금 더 들으려 하며, 평범한 순간도 감사할 줄 아는 마음. 그 꾸준한 애정이 이 작은 천국을 지상에 머물게 한다.

아무도 과거로 돌아가
새로운 시작을 할 수는 없지만,
누구나 지금부터 다시 시작하여
새로운 결말을 만들 수 있다.

_제임스 R. 셔먼

지나온 흔적을 지우거나 실수를 되돌릴 방법은 없다. 그래서 어제의 후회에 매몰되는 것은 바꿀 수 있는 유일한 기회인 '오늘'을 낭비하는 일이다. 인생의 가치는 완벽한 시작이 아니라, 언제든 방향을 틀 수 있는 현재의 선택권에 있다. 과거가 출발점을 정했을지 몰라도, 마지막 페이지를 채울 문장은 오직 지금의 우리 손에 달려 있다.

새로운 결말은 오늘을 대하는 태도의 변화에서 시작된다. 어제와 같은 행동을 반복하며 다른 미래를 기대할 수는 없다. 과거의 관성에서 벗어나 지금 할 수 있는 작은 변화를 선택할 때 삶의 궤적은 마침내 요동치기 시작한다. 늦었다는 자책보다 '아직 결말은 쓰이지 않았다'라는 확신이 우리를 움직이는 가장 강력한 동력이 된다.

지금 펜을 쥐고 있는 사람은 현재의 나이기 때문에, 인생이라는 책의 앞부분이 불행했다고 해서 최종적인 결말까지 불행할 이유는 없다. 과거에 대한 미련을 내려놓고 지금 써 내려갈 문장에 집중하자. 오늘 내딛는 새로운 한 걸음이 모여, 과거의 상처를 넘어선 단단한 생의 기록을 남길 것이다.

마음이 맞는 사람들과 함께라면,
아무것도 없는 빈방도
기쁨으로 가득하다.

_윌리엄 쿠퍼

마음이 통하면 무엇을 하든 즐겁다. 특별한 활동 없이 대화만으로도 시간이 흐르고, 곁에 머무는 것만으로도 깊은 위안을 얻는다. 침묵마저 편안하게 느껴지고 사소한 순간에도 의미가 깃드는 것, 이것이 친밀감이 주는 힘이다. 함께 있는 것만으로 충분하며, 무언가를 더 해야 할 필요도, 무언가로 채워야 할 공백도 느껴지지 않는다.

반대로 마음이 맞지 않는 이들과는 아무리 좋은 곳에 있어도 불편하다. 대화는 겉돌고 시간은 더디게 흐르며, 공간을 무엇으로 채워도 텅 빈 마음은 메워지지 않는다. 화려한 식탁도, 멋진 풍경도, 값비싼 경험도 공허함을 가릴 수 없다. 영혼의 공명 없이는 그 어떤 물질적 풍요도 무의미하며, 결국 남는 것은 어색함과 피로뿐이다.

중요한 것은 장소가 아닌 사람이다. 진정한 정서적 연결 앞에서 어떤 외부 조건도 부차적인 배경에 불과하다. 마음이 통하는 사람과는 좁은 방도 천국이 되고, 마음이 맞지 않는 사람과는 궁전도 감옥이 된다. 텅 빈 방을 천국으로 만드는 힘은 서로에게 건네는 다정한 진심에서 나온다. 그렇게 관계의 질이 공간의 질을 결정하며, 진심 어린 연결이 있을 때 세상 그 어디라도 살 만한 곳이 된다.

어떤 일이라도 작은 일로
세분화하면 특별히 어렵지 않다.

_헨리 포드

거대한 목표가 주는 압도적인 중압감은 때로 우리의 의지를 단번에 꺾어놓는다. 막연한 두려움은 행동을 지체시키고 포기를 종용하기 마련이다. 하지만 헨리 포드의 통찰처럼 아무리 거대한 난제라도 이를 쪼개어 작은 단위의 실행으로 재구성하면 우리가 감당하지 못할 일은 없다. 세분화는 막막함을 명료함으로 바꾸는 연금술이다.

높은 산을 한 번에 뛰어오를 수는 없지만, 지금 당장 내딛는 한 걸음은 누구나 할 수 있는 일이다. 커다란 과업을 오늘 완수할 수 있는 사소한 조각들로 나누는 순간, 문제는 장애물이 아니라 하나씩 해결해 나갈 단계적 과제로 변모한다. 이 과정에서 쌓이는 작은 성취감들은 다음 단계로 나아갈 동력이 되어, 결국 불가능해 보였던 정상으로 우리를 인도한다.

성공은 담대한 용기보다 치밀한 분해와 꾸준한 반복에 달려 있다. 지금 당신을 짓누르는 고민이 있다면 그것을 더 이상 나눌 수 없을 만큼 작은 조각으로 쪼개어 보라. 특별히 어렵지 않은 그 작은 일들을 하나씩 처리해 나갈 때, 당신은 어느덧 거대한 승리의 정점에 도달해 있을 것이다.

결국, 중요한 것은 당신이 가진 것이나
당신이 이룬 것이 아니다.
중요한 것은 당신이 누구를 고양시키고,
누구를 더 나아지게 했는지이다.
그것은 당신이 무엇을
돌려주었는지에 관한 것이다.

_덴젤 워싱턴

삶의 가치는 소유의 축적이 아니라 타인에게 미친 영향력으로 결정된다. 얼마나 벌고 무엇을 가졌는가는 금세 잊히지만, 누군가의 삶을 변화시킨 흔적은 오래도록 남는다. 돈과 명예는 형체도 없이 사라질 유한한 것이나, 타인의 영혼에 새긴 선한 궤적은 그들의 삶을 통해 영원히 이어진다.

진정한 삶의 의미는 성취가 아닌 공헌에 있다. 누군가에게 힘이 되고 가능성을 믿어주며 절망에서 건져 올리는 일, 그것이 바로 우리가 삶을 통해 증명해야 할 본질적인 가치다. 받은 것을 얼마나 되돌려주었는지가 존재의 무게를 결정하며, 마지막 순간 남는 것은 화려한 성공의 기록이 아닌 '관계의 기록'이다.

그러므로 더 높이 올라가는 것에 매몰되기보다, 당신의 존재가 누군가에게 축복이 될 수 있도록 노력하라. 시간과 지혜, 격려를 아낌없이 나누어 누군가의 삶에 작은 빛이 되어주어야 한다. 누군가를 끌어올리고 희망을 주는 행위야말로 우리의 영혼이 누릴 수 있는 가장 풍요로운 영광이다.

발상의 영역에서는 모든 것이
열정에 달려 있고, 현실 세계에서는
모든 것이 인내에 달려 있다.

_요한 볼프강 폰 괴테

시작은 열정으로 한다. 새로운 아이디어가 떠오를 때, 가능성이 보일 때, 무언가를 이루고 싶은 강렬한 욕망이 불타오를 때 우리는 움직인다. 열정은 출발의 연료다. 그것이 없다면 애초에 시작조차 불가능하다. 발상의 순간에는 흥분과 확신이 모든 것을 가능하게 만든다.

하지만 현실은 다르다. 실행의 단계로 넘어가면 열정만으로는 부족하다. 예상치 못한 장애물이 나타나고, 진도는 더디게 나가며, 초기의 흥분은 점차 식어간다. 이때 필요한 것은 인내다. 지루한 반복을 견디고, 작은 진전에 만족하며, 결과가 보이지 않아도 꾸준히 전진하는 힘, 이것이 현실 세계를 지배하는 법칙이다.

위대한 성취는 뜨거운 열정으로 시작해 차가운 인내로 완성된다. 첫 마음의 불꽃을 꺼뜨리지 않고 묵묵히 일상의 근면함으로 치환할 수 있는 사람만이, 머릿속에만 머물던 환상을 손에 잡히는 실체로 바꾸어 놓는다. 발상의 환희를 끝까지 책임지고 그 고통스러운 지속 끝에 마침내 마주하는 결과물이야말로 열정이 인내라는 시간을 통과하며 빚어낸 가장 눈부신 결정체일 것이다.

사람들은 거의 비슷하다.
단지 우리의 차이가 닮은 점보다
정의되기 더 쉬울 뿐이다.

_린다 엘러비

우리는 사람을 이해할 때 공통점보다 차이점부터 본다. 차이는 즉각적으로 인식되고 명확하게 범주화할 수 있지만, 공통점은 깊이 들여다봐야만 보이는 은밀한 진실이다. 우리는 무의식적으로 눈에 띄는 것을 중요한 것으로 착각하며, 드러나지 않는 것은 존재하지 않는 것처럼 여긴다. 그렇게 차이는 과대평가되고, 닮음은 과소평가된다.

하지만 겉치레를 걷어내고 깊이 다가가면 그 너머의 거대한 공통점과 마주하게 된다. 인정받기를 갈망하고 상처를 두려워하며 삶을 지키려 애쓴다는 점에서 우리는 놀라울 정도로 닮아 있다. 차이가 쉽게 정의된다고 해서 그것이 본질적인 것은 아니다. 오히려 이해가 얕을수록 눈에 띄는 다름에 매몰되어 상대를 구분 짓게 될 뿐이다. 타인에게서 접점을 찾는 일은 내면을 응시하려는 세심한 관심이 있어야 가능한 성숙한 공감의 영역이다.

타인을 이해하는 일은 다름의 장벽을 넘어 상대에게서 나의 모습을 발견하는 과정이다. 겉모습은 달라도 그 아래 흐르는 삶의 애환은 우리를 하나로 묶어주는 거대한 유대다. 차이로 상대를 규정하기보다 정의하기 어려운 '닮음'에 마음을 기울여보자. 그러면 타인은 생의 무게를 함께 짊어진 든든한 동료가 될 것이며, 홀로 견디던 삶은 함께 나누는 여정이 될 것이다.

부러진 뼈는 나을 수 있지만,
말이 낸 상처는 영원히 곪을 수 있다.

_제서민 웨스트

육체적 상처는 시간이 치유한다. 부러진 뼈는 붙고, 베인 살은 아물며, 아픈 몸은 회복된다. 고통스럽지만 예측 가능하고, 치료 방법도 명확하다. 하지만 말로 입은 상처는 다르다. 눈에 보이지 않지만 더 깊이 파고들고, 시간이 지나도 사라지지 않으며, 때로는 평생 그 자리에 남는다.

한 번 내뱉은 말은 되돌릴 수 없다. "그냥 한 말이었어"라고 변명해도 이미 상대의 마음속에 박힌 말은 지울 수 없다. 모욕적인 말 한마디가 관계를 영구히 파괴하고, 무심코 던진 비난이 누군가의 자존감을 무너뜨린다. 말은 가볍게 나가지만 마음에 무겁게 꽂힌다.

말하기 전에 그것이 진실인지, 필요한지, 그리고 친절한지를 먼저 자문해야 한다. 날카로운 진실보다 따뜻한 침묵이 나을 때가 있고, 객관적인 비판보다 진실한 격려가 누군가의 무너진 세계를 다시 세우는 유일한 길이 되기도 한다. 그러므로 우리의 입술을 떠난 문장이 상대에게 치명적인 독이 아닌 사람을 살리는 약이 될 수 있도록, 마음의 온도를 담아 말을 고르고 건네는 신중함이 필요하다.

만약 내가 다른 사람들보다
더 멀리 보았다면, 그것은 거인들의
어깨 위에 서 있었기 때문이다.

_아이작 뉴턴

아이작 뉴턴의 고백처럼 위대한 성취는 앞선 이들이 닦아온 지혜의 토대 위에서 탄생한다. 우리는 결코 홀로 서지 않으며, 우리가 누리는 지식과 기술은 수많은 선구자가 남긴 숭고한 유산이다. 과거의 성취를 겸손히 배우고 인정하는 태도는 우리의 시야를 한계 밖으로 밀어 올리고, 더 넓은 세상을 향해 뻗게 한다.

거인의 어깨 위에 선다는 것은 선대들의 시행착오와 철학을 우리의 토양으로 삼는 일이다. 혼자만의 천재성에 기대기보다 인류가 쌓아 올린 집단지성을 끌어쓸수록, 우리는 더 적은 힘으로 더 높은 곳에 닿는다. 우리가 마주한 문제들의 해답은 대개 이미 누군가에 의해 고뇌의 흔적으로 남겨져 있으며, 그것을 발견하고 재해석하는 안목이 곧 창조의 시작이 된다. 그렇게 계승의 흐름과 조화를 이루는 유연함이 혁신의 문을 연다.

이처럼 우리는 누군가의 어깨 덕분에 오늘을 살며, 동시에 미래를 위한 새로운 어깨가 되어야 할 숙명을 지닌다. 앞선 빛을 따라 길을 찾고 그 끝에 나만의 등불을 얹는 과정, 그것은 개인의 영광을 넘어, 인류가 인간답게 이어져 온 가장 조용하고도 위대한 연대의 방식이다.

행운은 기회와 준비가 만나는 것이고, 불운은 준비 부족과 현실이 만나는 것이다.

_엘리야후 골드랫

행운은 우연의 탈을 쓰고 찾아오지만, 실은 준비된 자에게만 그 얼굴을 드러낸다. 같은 기회 앞에서도 누군가는 그것을 붙잡고, 누군가는 무심히 지나친다. 이 미묘하지만 결정적인 차이를 만드는 것은 순간의 판단력이 아니라, 오랜 시간 눈에 띄지 않게 축적된 준비의 밀도다.

불운 역시 예고 없이 들이닥친 것처럼 보이지만, 대부분은 현실의 무게를 감당할 토대가 갖춰지지 않은 지점에서 발생한다. 사건보다 더 큰 타격을 주는 것은 그 상황을 해석할 기준과 견뎌낼 내적 근력이 없다는 사실이다. 그래서 불운은 예측의 실패라기보다, 대비의 공백이 만들어낸 필연적인 결과다.

엘리야후 골드랫의 통찰은 운을 통제하라는 요구가 아니다. 불확실성의 세계 앞에서, 최소한 자신이 서 있는 자리는 스스로 관리하라는 조언에 가깝다. 준비는 불확실성을 완전히 제거하지 못하지만, 어떤 미래 앞에서도 무너지지 않을 균형을 마련해 준다.

중요한 것은 기회를 맞히는 예지력이 아니라, 어떤 상황이 와도 자신을 잃지 않을 준비다. 그 준비 위에서 행운은 우연이 아닌 필연처럼 다가오고, 불운은 파괴가 아니라 방향 수정의 신호로 작동한다. 결국 삶을 가르는 것은 운의 크기가 아니라, 그것을 받아낼 그릇의 깊이다.

인류는 태초부터, 두려움 없이 마주한 고통이 자유로 가는 여권이라는 것을 깨달아왔다.

_파울로 코엘료

고통은 누구에게나 찾아오지만, 자유는 오직 그것을 마주하는 자에게만 허락된다. 삶의 차이를 만드는 것은 고통의 절대적인 크기가 아니라, 그 날카로운 칼날 앞에 서는 영혼의 태도에 있기 때문이다.

피하려 할수록 고통은 그림자처럼 우리를 옭아매는 사슬이 되지만, 정면으로 응시하는 순간 그것은 해방을 향한 유일한 통로로 변모한다. 두려움 없이 고통을 본다는 것은 통증을 단순히 견디는 것을 넘어, 삶의 진실로부터 도망치지 않겠다는 결연한 실존적 선택을 의미한다.

인류의 역사가 증명하듯, 외면한 두려움은 반드시 형태를 바꿔 더 거대한 구속으로 돌아오고, 회피한 고통은 내면을 잠식하는 만성적인 굴레가 된다. 그러나 그 고통의 현장에서 도망치지 않고 자리를 지킬 때, 고통은 우리를 억압하던 자리에서 벗어나 반드시 통과해야 할 삶의 과정으로 자리를 옮긴다. 참된 자유는 고통이 완전히 사라진 공백을 기다리는 막연한 낙관이 아닌, 고통을 정면으로 마주하여 그것을 도약의 발판으로 치환해내는 치열한 현장에서 그제야 시작된다. 결국 이 명언은 고통을 도구 삼아 자신의 존재를 확장하라는 준엄한 생의 제안이다. 떨림을 무릅쓰고 마주한 고통만이 우리를 낡은 궤도에서 풀어주며, 진정한 자유라는 다음 차원의 문턱으로 데려다 놓는다.

IV

Do not spoil what you have by desiring what you have

not; remember that what you now have was once

among the things you only hoped for.

_Epicurus

가지지 못한 것을 갈망하여 지금 가진 것을 망치지 마라.

당신이 지금 가진 것 또한 한때는

간절히 바라던 것 중 하나였음을 기억하라.

_에피쿠로스

The most important single central fact about a free

market is that no exchange takes place unless both

parties benefit.

_Milton Friedman

자유시장에 대한 가장 중요하고 핵심적인 사실은

양쪽 모두에게 이익이 되지 않는 한

어떤 교환도 일어나지 않는다는 것이다.

_밀튼 프리드만

인생이 아름다운 이유는
영원하지 않기 때문이다.

_브릿 말링

모든 것이 영원하다면 아무것도 소중하지 않을 것이다. 시간이 무한하다면 오늘을 살 이유가 없고, 관계가 끝나지 않는다면 그 순간을 감사할 필요도 없다. 끝이 있기에 지금이 의미 있고, 사라질 것이기에 붙잡고 싶어진다.

우리가 석양을 아름답게 느끼는 이유는 그것이 곧 사라지기 때문이다. 꽃이 감동적인 것은 피어있는 시간이 짧기 때문이다. 사랑하는 사람과의 시간이 소중한 것은 언젠가 헤어질 수밖에 없음을 알기 때문이다. 영원한 것은 당연해지지만, 사라질 것은 절실해진다.

죽음이라는 한계가 삶을 정의한다. 시간이 제한되어 있기에 우리는 선택하고, 우선순위를 정하며, 무엇이 정말 중요한지 깨닫는다. 영원히 산다면 모든 것을 미룰 것이고, 아무것도 절박하지 않을 것이며, 삶은 의미를 잃을 것이다. 유한함이 우리를 깨어 있게 만든다.

인생을 잘 산다는 것은 더 오래 붙잡으려 애쓰는 일이 아니다. 언젠가 사라질 것을 알기에 지금 이 순간을 외면하지 않고 온 마음으로 환대하는 선택이다. 오늘의 시간과 사람을 당연하게 넘기지 않는 태도, 그 유한함을 의식하는 순간마다 삶은 비로소 밀도를 얻는다.

행복의 비밀은 자유에 있고
자유의 비밀은 용기에 있다.

_투키디데스

행복은 선택권을 가질 때 시작된다. 선택의 여지가 없는 삶에서는 어떤 만족도 오래 머물지 못한다. 강요된 길 위에서 느끼는 성취는 불편하고, 타인이 정해준 기준으로 이룬 성공은 공허하다. 그래서 행복의 뿌리에는 언제나 자유가 놓여 있다. 자신의 삶을 스스로 결정할 수 있다는 감각이 있어야 기쁨도 온전히 삶으로 스며든다.

그러나 자유는 저절로 유지되지 않는다. 자유에는 늘 책임이 따르고, 그 책임 앞에서 한 걸음 내디딜 용기가 필요하다. 익숙한 안전지대를 벗어나는 결단, 타인의 시선보다 자신의 기준을 따르겠다는 선택이 없다면 자유는 곧 타성으로 변질된다. 용기 없는 자유는 절대 오래 지속되지 않는다.

행복이란 두려움을 안고도 선택하는 태도에서 태어난다. 인생은 용기로 지켜낸 자유 위에서만 타인의 기대가 아닌 자신의 방향으로 흘러간다. 자유를 선택하고, 그 자유를 지키기 위해 책임을 감당하며, 그 과정에서 흔들림 없이 자기 길을 가는 것. 그 연속된 선택들이 쌓일 때 행복은 우리 삶에 깊숙이 뿌리내린다. 행복은 막연한 감정이 아니라, 용기 있는 선택의 결과다.

우리는 어떤 질문의 답을 찾으려
애쓰다 끝내 찾지 못하는 과정에서,
그 답을 바로 아는 것보다 더 많이 배운다.

_로이드 알렉산더

정답을 단번에 얻는 것보다, 답을 찾아 헤매며 쌓아 올린 오답의 시간이 우리를 더 크게 성장시킨다. 결과보다 중요한 것은 해결되지 않은 질문을 품고 끝까지 분투하는 시간 그 자체다. 답을 모르는 상태에서 겪는 갈등과 시행착오야말로 사고를 확장하고 지혜를 단단하게 만드는 진정한 배움의 터전이다.

쉽게 얻은 답은 기억에서 금세 휘발되지만, 고뇌 끝에 얻은 통찰은 삶의 근육이 된다. 답을 찾지 못해 헤매는 동안 우리는 스스로 사유하는 법을 익히고, 문제의 본질을 다각도에서 바라보는 시야를 갖게 된다. 목적지에 도달하지 못했을지라도 그 여정에서 마주한 수많은 변수와 깨달음은, 정답 하나가 줄 수 없는 풍요로운 자산이 되어 우리 안에 남는다.

그러므로 답이 보이지 않는 시간을 실패로 규정해서는 안 된다. 그것은 지식이 부족하다는 증거가 아니라, 더 깊은 진실에 다가가기 위한 지적 성숙의 과정이다. 정답이라는 명쾌한 종착지보다 질문이라는 안개 속을 걷는 용기가 우리를 더 나은 존재로 만든다. 답을 모르는 것을 두려워하지 말라. 찾아가는 과정 자체가 진짜 배움이다.

나는 정신 나간 행동의 정의는
같은 일을 반복해서 하면서도
다른 결과를 기대하는 것이라고
생각한다.

_리타 메이 브라운

변화를 바란다는 말은 쉽다. 하지만 행동이 그대로라면 결과가 달라질 이유가 없다. 기대치만 높인 채 기존의 관성을 되풀이하는 행위는 망상의 늪에 머무는 선택일 뿐이다. 삶은 기대의 크기에 무심한 채, 오직 움직임의 방향에 정직하게 반응한다.

이 문장이 불편하게 들리는 이유는 우리 모두 그 함정에 익숙하기 때문이다. 상황이 달라지길 바라면서도 선택과 습관은 그대로 두고, 우연이 대신 해결해 주길 막연하게 기대한다.

변화는 결심에서 시작되지 않고, 아주 작은 행동의 수정에서 시작된다. 다르게 말하고, 다른 순서로 움직이고, 다른 선택을 한 번이라도 해보는 것. 거창하지 않아도 된다. 단 한 번의 낯선 시도가 굳어 있던 흐름에 균열을 낸다. 결심의 밀도가 아무리 높아도, 단 한 번의 가벼운 실행이 가진 실체적인 힘을 이길 수는 없다.

성장은 우연을 기다리는 막연함을 지우는 것에서 시작된다. 어제와 다른 선택을 하고, 어제와 다른 방향으로 한 걸음 내딛는 일. 그 작고 분명한 변화가 삶의 궤적을 조용히 틀어 놓는다. 무거운 미래를 바꾸려 애쓰기보다, 지금 당장 내딛는 발끝의 방향을 1도만 수정하는 것만으로도 도달할 종착지는 완전히 달라진다.

고통을 피하려고 할수록 더 많이 고통
받게 된다. 왜냐하면 상처받는 것에 대한
두려움에 비례하여 더 작고 사소한 것들이
당신을 괴롭히기 시작하기 때문이다.
고통을 피하려고 가장 많이 노력하는
사람이 결국 가장 많이 고통받는 사람이다.

_토머스 머튼

고통을 회피하려는 노력은 역설적으로 더 큰 고통을 낳는다. 상처가 두려워 관계를 끊고, 실패가 무서워 도전을 멈추며, 불안을 막으려 삶을 통제하려 들지만, 그 대가는 삶의 축소와 깊은 공허뿐이다. 고통을 피할수록 우리가 서 있을 자리는 좁아지고 가능성은 차단된다.

회피는 내면을 더욱 취약하게 만든다. 고통을 거부할수록 작은 불편함조차 견디기 힘들어지며, 사소한 비판이나 실패도 재앙처럼 크게 다가온다. 고통의 임계점이 낮아질수록 평범한 일상 속 부딪침조차 감당하기 버거워지고, 피할수록 우리는 점점 더 약해질 뿐이다.

진정한 자유는 고통을 받아들이는 데서 온다. 상처받을 수 있음을 인정하고, 실패의 가능성을 껴안으며, 불완전함을 있는 그대로 받아들일 때 삶은 확장된다. 고통을 두려워하지 않는다는 것은 고통이 삶의 일부임을 받아들이고 그럼에도 나아가는 것이다. 고통을 포용하는 것이 절대 쉬운 일은 아니지만, 절대 불가능한 일도 아니다. 그러니 아주 조금만 용기를 내기를...

믿음은 모든 것을 가능하게 하고…
사랑은 모든 것을 쉽게 만든다.

_드와이트 L. 무디

믿음은 문을 연다. 불가능해 보이는 것도 믿는 순간 시도할 용기가 생기고, 막막했던 길도 믿음이 있으면 한 걸음씩 나아갈 수 있다. 믿음은 증거보다 먼저 오는 확신이며, 그 확신이 현실을 바꾸는 힘이 된다. 가능성은 믿음에서 시작된다.

하지만 믿음만으로는 부족하다. 사랑이 없다면 그 여정은 고통스럽다. 사랑은 어려운 일을 견딜 만하게 만들고, 무거운 짐을 가볍게 만든다. 사랑하는 사람을 위해서라면 힘든 일도 기꺼이 하게 되고, 사랑하는 일을 할 때는 시간 가는 줄 모른다. 의무와 책임만으로 채워진 발걸음은 금세 지치기 마련이지만, 그 기저에 사랑이 흐를 때 우리는 소진되지 않는 내면의 동력을 얻는다.

믿음과 사랑은 서로를 완성한다. 믿음이 길을 열어 주었다면, 사랑은 그 길을 끝까지 걷게 만든다. 믿음은 가능성을 보여 주고, 사랑은 그 가능성을 삶 속에 머물게 한다. 믿음이 불가능의 영역에 던진 질문이라면, 사랑은 그 가능성을 현실로 꽃피우는 대답인 것이다.

한 생명을 구하는 사람은 모든 인류를 구한 것과 같다.

_탈무드

한 생명의 가치는 단순한 숫자에 머물지 않는다. 탈무드의 격언처럼, 한 사람의 인생을 지켜내는 일은 결국 그와 연결된 과거와 미래, 그리고 인류 전체의 가능성을 구하는 것과 같다. 한 사람을 살리는 것은 그가 맺을 무수한 인연과 그가 남길 선한 영향력의 씨앗을 지켜내는 숭고한 결단이기 때문이다.

우리는 거창한 대의명분 앞에서 개인의 희생을 당연시하곤 하지만, 진짜 인류애는 눈앞의 한 사람을 외면하지 않는 구체적인 손길에서 시작된다. 가장 작은 존재를 향한 헌신이 모여 세상의 온기를 유지하고, 벼랑 끝에 선 한 사람을 붙잡아주는 그 절실한 마음이 결국 인류를 지탱하는 보이지 않는 기둥이 된다.

생명을 존중한다는 것은 지금 여기 있는 한 사람을 대하는 방식이다. 외면하지 않고, 단순한 숫자로 치환하지 않으며, 대체 가능한 존재로 가볍게 취급하지 않는 것. 그렇게 한 사람의 존엄을 끝까지 지켜낼 때, 인류라는 거대한 개념은 현실 속에서 숨을 쉬기 시작한다.

사랑하는 미래여,
나는 너를 맞을 준비가 되었다.
네가 무엇을 가져오든,
나는 용기와 품격으로 맞설 것이다.

_미상

미래는 예측할 수 없다. 행운이 올지, 불운이 올지, 기쁨이 올지, 고통이 올지 아무도 모른다. 하지만 중요한 것은 무엇이 찾아오는지에 있지 않고, 그것을 대하는 마음가짐에 있다. 준비된 마음으로 미래를 기다리는 사람은 어떤 상황에서도 무너지지 않는다.

용기는 두려움 앞에서도 앞으로 나아가는 것이다. 품격은 최악의 순간에도 지켜지는 태도다. 용기와 품격으로 미래를 맞이한다는 것은 어떤 시련이 와도 자신의 본질을 잃지 않겠다는 선언이다.

미래를 두려워하는 사람은 현재에 갇힌다. 무슨 일이 일어날까 불안해하며, 최악을 상상하고, 변화를 피한다. 하지만 미래를 사랑하는 사람은 자유롭다. 좋은 일이든 나쁜 일이든 받아들일 준비가 되어 있기에 현재를 온전히 살 수 있다. 준비된 마음은 두려움을 무력하게 만든다.

미래에게 말하라. "나는 준비되었다. 무엇이 오든 그것을 견딜 힘이 있고, 넘어설 용기가 있으며, 품위를 잃지 않을 것이다." 미래를 두려워하지 말고 사랑하라. 그것을 맞이할 준비가 된 사람에게 미래는 무엇보다 기대되는 선물이 될 것이다.

죽음이 인생에서 가장 큰 손실은 아니다.
가장 큰 손실은 우리가 살아있는 동안
우리 안에서 죽어가는 것이다.

_노먼 커즌스

숨을 쉬고 있다고 해서 모두가 살아있는 것은 아니다. 호기심이 멈추고, 타인을 향한 감수성이 메마르며, 더 나은 내일을 꿈꾸는 의지가 꺾일 때, 인간은 육체적 소멸에 앞서 존재의 죽음을 맞이한다.

내면이 시들어가는 것은 무엇보다 치명적인 비극이다. 뜨거웠던 열망은 냉소로 식고, 사랑은 무관심으로 바뀌며, 시련에 맞서던 용기는 체념에 잠식된다. 관성에 따라 움직이고, 의미 없는 반복 속에서 하루를 보내며, 자신이 진짜 원하는 것조차 잊어버린다. 이렇게 살아 있는 동안 우리 안의 빛이 하나씩 꺼져가는 것이야말로 가장 가슴 아픈 몰락이다.

그래서 진정으로 살아 있다는 것은 단순히 시간을 견디는 일이 아니다. 아직 질문할 수 있고, 놀랄 수 있으며, 마음이 무뎌지지 않은 채 세상을 다시 바라볼 수 있다면, 우리는 오롯이 살아 있는 것이다. 생동하는 삶은 나이를 먹는다고 해서 저절로 지속되지 않는다. 스스로를 흔들고, 감각을 깨우며, 다시 의미를 선택할 때에만 존재는 재점화된다. 그렇게 오늘도 무언가에 마음이 움직였다면, 우리는 소멸해가는 시간 속에서 기어이 제 몫의 삶을 지켜내고 있는 것이다.

우리는 희망에 따라 약속하고
두려움에 따라 행동한다.

_프랑수아 드 라로슈푸코

우리는 희망에 부풀어 미래를 약속하지만, 정작 현실 앞에서는 두려움에 쫓겨 행동한다. 약속은 고결한 이상을 향해 있으나, 행동은 생존 본능의 공포에 지배당한다. 머리는 앞으로 나아가자 말하지만, 몸은 안전한 뒤로 물러난다. 이 간극은 인간의 나약함이자, 누구나 피할 수 없이 마주해야 할 내면의 전쟁터다.

진정으로 용감하다는 것은 공포에 사로잡혀 비겁한 선택의 유혹에 빠지는 바로 그 순간에 자신이 했던 약속을 다시 불러내는 일이다. 본능이 도망치라 속삭일 때조차 내가 선언했던 가치와 신념을 기억해 내는 힘, 그리고 그 힘을 동력 삼아 불안을 안고도 한 걸음 더 내딛는 결단이 있을 때 약속은 공허한 수사를 넘어 실체가 있는 삶이 된다.

결국 삶의 품격은 엄습하는 두려움에 굴복하지 않는 기개에서 결정된다. 희망에 따라 약속하고 두려움에 따라 행동하는 것이 거부할 수 없는 본성일지라도, 그 거센 물결을 거슬러 약속의 방향으로 노를 젓는 의지가 인간의 위대함을 증명하기 때문이다. 비겁해지려는 본능을 이겨내고 선언했던 자리에 끝내 머무는 것, 그 찰나의 투쟁들이 모여 흔들리던 약속은 마침내 누구도 부정할 수 없는 우리의 삶 그 자체가 된다.

건강한 몸은 영혼을 위한 객실이고,
병든 몸은 영혼의 감옥이다.

_프랜시스 베이컨

건강할 때 우리는 자유롭다. 가고 싶은 곳에 가고, 하고 싶은 일을 하며, 꿈을 실현할 수 있다. 몸이 방해하지 않기에 정신은 날아오르고, 열정은 창조로 향하며, 삶은 가능성으로 가득하다. 건강한 몸은 영혼이 머무는 편안한 공간이다.

하지만 병이 들면 모든 것이 달라진다. 몸의 고통이 정신을 지배하고, 아픔이 생각을 점령하며, 무기력이 의지를 짓누른다. 하고 싶은 것이 있어도 몸이 따라주지 않고, 가고 싶은 곳이 있어도 움직일 수 없다. 병든 몸은 영혼을 가두는 감옥이 되고, 삶은 고통을 견디는 일로 축소된다.

건강은 당연하게 여겨지기 쉽다. 아프지 않을 때는 몸의 존재를 의식하지 못하고, 그 소중함을 깨닫지 못한다. 하지만 한 번 건강을 잃으면 그것이 얼마나 큰 축복이었는지 뼈저리게 느낀다. 건강은 모든 것의 토대이며, 그것 없이는 어떤 성취도, 어떤 행복도 온전히 누릴 수 없다. 건강을 돌보는 것은 사치가 아니라 책임이다. 몸을 움직이고, 잘 먹으며, 충분히 쉬는 것은 영혼에게 자유를 선물하는 일이다.

죽음으로 삶이 끝나는 것이지 관계가 끝나는 것은 아니다.

_로버트 앤더슨

죽음은 삶을 매듭지을 뿐, 그가 남긴 관계까지 마침표를 찍지는 못한다. 육신이 떠난 자리에도 그가 누군가에게 건넸던 다정한 숨결, 함께 나눈 온기, 삶으로 증명했던 가치들은 남겨진 이들의 기억 속에 여전히 살아 숨 쉰다. 한 사람의 존재가 물리적 한계를 넘어 지속되는 방식은 바로 이 지워지지 않는 마음의 궤적 속에 있다.

이 관점에서 죽음은 소멸이 아닌 '무게중심의 이동'이다. 한 사람이 쌓아온 사랑과 지혜는 떠나는 순간 사라지지 않고, 연결된 이들의 내면으로 스며들어 그들의 눈빛과 목소리로 재탄생한다. 남겨진 자들이 떠난 이의 의지를 이어받아 일상을 살아내면, 관계는 단절되지 않고 다른 형태의 여정으로 계속 이어진다.

우리는 서로의 조각을 주고받으며 산다. 가슴에 스며든 누군가의 진심은 그가 떠난 뒤에도 세상을 살아가는 새로운 힘이 된다. 그리고 누군가를 기억하며 그 뜻을 이어가는 일은 그의 생을 내 삶의 일부로 받아들여 함께 걷는 과정이다. 우리는 이 다정한 연대 속에서 죽음조차 끊을 수 없는 삶의 의미를 완성한다.

다른 사람들의 제한된 인식이
우리를 정의하도록 허용해서는 안 된다.

_버지니아 사티어

우리는 종종 타인의 협소한 가치관을 나의 본질로 착각하며, 그들이 그어놓은 한계선 안에서 스스로를 검열하곤 한다. 그러나 타인의 인식은 그들의 경험과 편견이 투영된 불완전한 거울일 뿐이다. 그 왜곡된 거울에 비친 파편이 절대 나의 전체가 될 수 없음을 깨닫는 것에서부터 진정한 자유는 시작된다.

타인의 판단에 주도권을 내어주는 것은 나의 가능성을 타인의 무지 속에 매장하는 일과 같다. 그들이 "너는 이 정도뿐이다"라고 단정 지을 때, 우리가 취해야 할 태도는 분노가 아닌 태연한 무관심이다. 타인의 좁은 시야는 그들의 한계일 뿐 나의 한계가 아니기 때문이다.

삶은 타인이 써 내려간 대본이 아니라, 나만의 문법으로 완성해가는 고유한 서사여야 한다. 타인의 시선에 요동하지 않는 내면의 중심은 내가 나를 온전히 수용하는 마음의 깊이에서 빚어진다. 누군가 당신을 터무니없는 잣대로 재단하려 한다면, 그것은 당신이라는 심오한 문장이 그들의 빈약한 문해력으로는 결코 읽어낼 수 없는 세계임을 의미할 뿐이다.

폭군은 죽음과 함께
지배가 끝나지만,
순교자는 죽음과 함께
그의 통치가 시작된다.

_쇠렌 키르케고르

폭군의 힘은 살아 있는 동안만 작동한다. 공포와 강제 위에 세워진 지배는 죽음과 함께 즉시 해체된다. 그가 사라지는 순간, 남는 것은 두려움의 기억과 텅 빈 자리뿐이다. 폭군의 지배는 몸과 함께 소멸되는 권력이다.

반대로 순교자의 영향력은 생의 끝에서 시작된다. 그는 강요하지 않았고, 통치하지도 않았다. 다만 자신의 신념을 끝까지 포기하지 않았을 뿐이다. 그 선택은 죽음 이후에도 질문으로 남아 사람들의 양심을 흔들고, 행동을 촉구한다. 순교자의 힘은 사람을 지배하지 않고, 사람 안에서 살아남는다.

권력은 생존에 의존하고, 영향력은 의미에 의해 지속된다. 공포로 유지되는 지배는 주체가 사라지는 순간 함께 무너진다. 반면 신념에서 비롯된 영향력은 개인을 넘어 생각과 행동으로 옮겨가며 확산된다. 하나는 통제의 범위에 머물고, 다른 하나는 공감의 영역으로 번져간다. 그것이 권력과 영향력의 가장 근본적인 차이다.

당신이 태어났을 때, 당신은 울었고
다른 모든 사람들은 행복했다. 가장 중요한
질문은 이것이다. '당신이 죽을 때
다른 사람들이 모두 울고 있을 그 순간에,
당신은 행복할 것인가?'

_토니 캠폴로

우리는 축복 속에 태어나 세상에 첫울음을 터뜨렸지만, 정작 삶의 마지막 순간에 이르렀을 때 어떤 표정을 지을지는 전적으로 우리 자신의 선택에 달려 있다. 주변의 슬픔이 나의 평온함과 대비되는 그 순간이야말로, 한 인간이 자신의 생을 얼마나 후회 없이 완성했는지를 보여주는 가장 정직한 지표이다.

대개는 타인의 시선과 허울뿐인 성공에 매몰되어 삶의 본질을 놓치곤 한다. 하지만 죽음이라는 거울 앞에서 남는 것은 얼마나 높이 올랐느냐가 아니라, 얼마나 깊이 사랑했느냐이다. 타인에게 눈물을 남길 만큼 가치 있는 삶을 살고도 자신은 미련 없이 미소 지을 수 있다면, 삶은 그 자체로 숭고한 성취이다.

진정한 행복은 삶의 끝에서 증명된다. 매 순간의 선택이 마지막 날의 나를 만든다는 사실을 기억해야 한다. 오늘 내가 걷는 길이 누군가에게는 그리움으로, 나에게는 평온함으로 남을 수 있는지 물어야 한다. 죽음의 문턱에서 '가치 있는 삶이었다'고 고백할 수 있는 인생, 그것이 우리가 도달해야 할 최종 목적지이다.

094 헌신은 말이 아니라 행동이다.

우리는 종종 거창한 말로 신념을 증명하려 하지만, 인간의 실존을 정의하는 것은 혀끝의 고백을 넘어 그가 남긴 발걸음의 궤적이다. 헌신은 마음의 상태에 머물지 않는 구체적인 선택의 누적이며, 화려한 수사 뒤에 숨기보다 차가운 현실 속으로 직접 몸을 던지는 행위 그 자체다. 아무리 고귀한 가치라도 실천으로 증명되지 않으면 공허한 메아리에 불과하다.

말은 쉽고 편리하지만, 행동에는 책임과 비용이 따른다. 진정한 헌신은 내뱉은 말에 무게를 싣기 위해 기꺼이 불편함을 감수하는 과정에서 빛을 발한다. 사랑한다는 말, 정의를 지키겠다는 다짐, 더 나은 삶을 살겠다는 약속은 오직 행동으로 번역될 때만 비로소 생명력을 얻는다. 삶은 우리가 '무엇을 말했는가?'가 아니라 '어떻게 살았는가?'를 통해 그 진실성을 판별한다.

헌신이란 우리를 증명하는 가장 강력한 언어다. 타인의 마음을 움직이고 세상을 바꾸는 것은 묵묵히 자리를 지키며 보여주는 행동이다. 말은 사라지지만 행동은 흔적을 남긴다. 그렇게 진짜 삶은 말이 끝나고 행동이 시작되는 곳에서 펼쳐진다.

**자유는 원하는 것을 완전히
누리는 것으로 얻어지는 것이 아니라
욕망을 통제함으로써 얻어진다.**

_에픽테토스

우리는 흔히 자유를 '마음대로 하는 상태'라 믿는다. 무한한 소유가 자유를 준다고 여기며 욕망을 좇지만, 통제 없는 욕망은 우리를 해방하기보다 결핍의 감옥에 가둔다. 더 많이 가질수록 더 많이 원하게 되고, 더 많이 원할수록 만족은 더 멀어진다. 그래서 진정한 자유는 내면의 충동을 스스로 다스릴 수 있을 때 시작된다.

욕망에 휘둘리는 삶은 보이지 않는 실에 묶인 꼭두각시와 다름없다. 세상의 기준에 맞춰 더 많이 가져야만 행복하다면, 평생 그 기준의 노예로 살아야 한다. 에픽테토스는 외부 환경이 아닌 내면을 다스리는 힘이 곧 자유라고 말한다. 통제할 수 없는 미련을 버리고 자신의 내적 주권을 확립할 때, 인간은 흔들리지 않는 존엄을 얻는다.

자유는 욕망을 확장하는 데 있지 않고, 그것을 단단하게 갈무리하는 힘에 있다. 소유욕보다 절제력이 더 클 때 우리는 삶의 진정한 주인이 된다. 스스로 통제할 수 있는 사람만이 누구도 침범할 수 없는 온전한 자유의 영토를 일구게 된다.

096

궁금증을 풀고 싶다면 어느 주제에
대한 것이든 호기심이 발동하는
그 순간을 잡아라. 그 순간을 흘려보낸다면
그 욕구는 다시 돌아오지 않을 수 있고,
당신은 무지한 채로 남게 될 것이다.

_윌리엄 워트

호기심은 예고 없이 찾아온다. 준비가 끝났을 때가 아니라, 일상 한가운데서 문득 고개를 든다. 특별한 계기 없이 스쳐 지나가듯 떠오른 질문 하나가 마음을 건드린다. 그러나 그 순간을 붙잡지 못하면 같은 질문은 같은 강도로 돌아오지 않는다. 호기심에는 유통기한이 있고, 그 유효시간은 우리가 생각하는 것보다 훨씬 짧다.

지식의 문은 의지보다 타이밍에 더 쉽게 열린다. 지금 떠오른 질문을 '나중에'로 미루는 순간, 관심은 다른 자극에 밀려 조용히 사라진다. 우리는 흔히 집중력이나 재능이 부족해서 배우지 못한다고 생각하지만, 실제로 배움이 멈추는 이유는 단순하다. 그 짧은 신호에 반응하지 않았기 때문이다. 호기심은 기다려주지 않고, 반복해서 문을 두드리지도 않는다.

배움은 거창한 계획이나 완벽한 준비에서 시작되지 않는다. 궁금해졌다면 바로 찾아보고, 의문이 생겼다면 그 자리에서 한 걸음 따라가야 한다. 그 즉각적인 반응이 사고의 흐름을 끊지 않는다. 그렇게 붙잡은 작은 질문 하나가 무지를 지나 이해로 이끄는 가장 빠른 통로가 된다. 배움의 뿌리는 결국 궁금해진 바로 그 순간을 흘려보내지 않는 선택이다.

직급은 특권이나 권력을 주지 않는다.
직급은 책임을 부여한다.

_피터 드러커

진정한 권위는 외적인 계급장이 아닌 내면의 태도에서 발현된다. 직급을 권력의 신분으로 착각하는 순간, 수평적인 소통은 마비되고 조직의 유연함은 급격히 경직된다. 반면 직급을 '부여된 책임'으로 명확히 인식하는 리더는 자신의 권한을 타인을 돕고 문제를 해결하는 정교한 도구로 사용한다. 높은 자리에 오를수록 시선은 보살펴야 할 사람들과 완수해야 할 공동의 과업을 향해 더 넓게 확장되어야 한다. 직급이란 공동체의 안녕을 위해 기꺼이 짊어진 고독한 십자가에 가깝다.

우리는 매 순간 스스로에게 준엄하게 물어야 한다. 나는 지금 직급이 제공하는 혜택을 탐닉하고 있는가? 아니면 그 직함에 걸맞은 책임의 무게를 매일의 행동으로 증명하고 있는가? 직급이 높아진다는 것은 휘두를 수 있는 힘보다 감수해야 할 희생이 커짐을 의미한다. 리더가 그 희생의 무게를 기꺼이 짊어지고, 고통의 정점에서조차 묵묵히 책임을 다할 때 그 직급은 명함에 박힌 글자를 넘어 동료들의 가슴에 각인되는 '존경받는 이름'이 된다. 권위는 스스로 세우는 것이 아니라, 책임을 완수하는 뒷모습에서 자연스럽게 배어나오는 향기와도 같은 것이다.

098 건강한 것은 아픈 사람만이
볼 수 있는 왕관이다.
우리는 그것을 너무도
자주 당연하게 여긴다.

_하산 미나즈

건강할 때는 절대 보이지 않는다. 숨을 쉬고, 걷고, 먹고, 잠드는 일상이 얼마나 경이로운 기적인지 우리는 알지 못한다. 몸이 완벽하게 작동할 때, 우리는 그 안락함에 취해 건강을 공기처럼 당연한 권리로 여긴다. 하지만 그 정교한 질서가 단 한 번만 어긋나도, 우리가 누리던 모든 평화는 즉시 무너져 내린다.

병이 들면 삶의 질서가 단숨에 바뀐다. 사소했던 일상이 고통으로 변하고, 평범했던 하루는 간절한 소망이 된다. 자유롭게 걷는 일, 통증 없이 잠드는 밤, 아무 생각 없이 몸을 움직일 수 있는 순간들. 건강할 때는 결코 꿈꾸지 않았던 소박한 풍경들이 잃고 난 후에는 도저히 닿을 수 없는 먼 곳의 별처럼 빛난다.

우리는 삶에서 너무 많은 것을 '항상 거기에 있을 것'이라 믿는다. 건강한 몸과 평온한 마음 역시 예외가 아니다. 하지만 그것들은 공짜로 주어진 것도, 영원히 보장된 것도 아니다. 건강은 잃고 나서 되찾을 수 있을지 몰라도, 그 길은 길고 고통스럽다. 그래서 건강은 소유가 아니라 관리의 대상이며, 항상 인생에 가장 높은 우선순위에 위치해야 한다. 그렇게 건강은 그 존재가 투명할 때 가장 완벽하며, 아프기 전에 반드시 자각해야 할 삶의 왕관이다.

분(分)을 신경 쓰면
시간은 저절로 관리된다.

_필립 스탠호프 체스터필드 백작

시간은 멀리서 보면 늘 부족해 보인다. 해야 할 일은 많고, 남은 시간은 적어 보이기에 시간은 언제나 손에서 빠져나가는 것처럼 느껴진다. 사람들은 늘 "시간이 없다"는 말을 늘 입에 달고 산다.

하지만 시선을 '분'으로 낮추는 순간 시간은 갑자기 현실이 된다. 지금 이 몇 분을 어디에 쓰고 있는지만 의식해도 하루의 호흡은 눈에 띄게 달라진다. 거창한 계획보다, 지금 이 짧은 구간에 무엇을 선택하느냐가 하루의 방향을 결정한다. 시간은 멀리서 붙잡을수록 흐려지고, 가까이 들여다볼수록 또렷해진다.

분을 존중하는 사람은 시간을 통제하려 애쓰지 않는다. 대신 매 순간을 가볍게 선택하고, 그 선택을 정확히 쌓아간다. 무엇을 해야 할지보다 무엇을 지금 하지 않겠는지를 분명히 하며, 작은 집중을 반복한다. 그렇게 쌓인 분들은 어느새 하루의 구조를 만들고, 시간은 계획의 대상이 아니라 자연스럽게 정돈된 결과가 된다.

분에 대한 온전한 인식은 하루의 결을 바꾼다. 급하지 않으면서도 느슨해지지 않고, 분주함의 함정에 빠지지 않고도 삶의 밀도는 높아진다. 결국 분을 다루는 감각이 쌓일수록 우리는 시간에 쫓기지 않게 되고, 삶은 서서히 집중과 여유라는 두 가지 리듬을 동시에 갖게 된다.

할 수 있다고 믿든,
할 수 없다고 믿든,
당신이 옳다.

_헨리 포드

세상은 대개 우리가 자신을 바라보는 시선에 호응하며, 그 마음의 결을 따라 현실의 모양을 함께 빚어간다. 스스로 '할 수 있다'고 믿는 사람에게는 보이지 않던 기회가 찾아오지만, '할 수 없다'고 단정 지은 사람에게는 불가능한 이유와 장애물만이 선명해질 뿐이다.

믿음은 단순한 기대를 넘어 실제 결과를 이끌어내는 마중물과 같다. 할 수 없다는 생각에 사로잡히는 순간, 우리 안의 잠재력은 동면 상태에 빠지고 실패를 정당화할 근거만을 수집한다. 반면 할 수 있다는 확신은 한계를 돌파할 창의성과 끈기를 깨운다. 결국 결과가 나오기 훨씬 전부터, 우리는 마음속에서 이미 승리와 패배를 결정짓고 있는 셈이다. 우리의 믿음이 곧 우리의 한계가 된다.

인생은 우리가 스스로에게 속삭인 예언대로 흘러간다. 지금 우리 앞에 놓인 벽이 넘을 수 없는 장애물이 될지, 딛고 올라설 디딤돌이 될지는 오직 우리의 해석에 달려 있다. 세상은 결코 가능성을 먼저 증명해 주지 않는다. 자신의 확신이 현실을 앞질러 나갈 때, 우리가 옳다는 사실은 세상이라는 무대 위에서 증명되기 시작한다.

청춘은 인생의 한 시기가 아니라
마음의 상태이다. 그것은 장밋빛 볼과
붉은 입술, 유연한 무릎의 문제가 아니라
의지의 문제이며, 상상력의 수준이고,
감정의 활력이다. 그것은 삶의
깊은 샘에서 솟아나는 신선함이다.

_새뮤얼 울먼

청춘은 세월이 아닌 내면의 온도로 결정된다. 육체적 활력이 줄어들어도 세상을 향한 호기심과 의지는 우리를 살아있게 한다. 진정한 노년은 주름진 피부가 아닌, 냉소적인 마음에서 시작된다. 삶을 향한 기대가 식는 순간 시간은 급격히 무게를 더한다. 그래서 꿈을 멈추는 순간 스무 살도 노인이 되지만, 설렘을 간직한다면 여든 살도 청춘의 한복판에 서 있는 것이다.

청춘의 본질은 안락함에 안주하기보다 불확실한 미래로 뛰어드는 모험심과 세상을 향해 닫히지 않는 열린 상상력에 있다. 실패의 가능성을 이유로 자신을 움츠리지 않고, 아직 가보지 않은 길 앞에서 마음을 열어두는 태도가 청춘을 지속시킨다. 정해진 나이라는 틀에 갇히지 않고 자신만의 생명력을 유지할 때, 삶의 샘물은 마르지 않는 신선함을 간직한다.

배움 앞에서 고개를 끄덕이고, 변화 앞에서 발걸음을 옮길 수 있는 한 삶은 여전히 확장 중이다. 익숙함에 스스로를 가두지 않고 낯선 질문을 허용하는 태도는 나이를 거슬러 우리를 여전히 움직이게 한다. 우리는 잊지 말아야 한다. 청춘은 지나가는 시기가 아니라, 매일 선택해야 하는 삶의 방식이다.

나는 존중하지 않는 사람의
의견에 대해 굳이 논쟁하는
실수를 절대 하지 않는다.

_에드워드 기번

모든 의견이 동등한 무게를 지니는 것은 아니다. 의견의 가치는 그것을 말하는 사람의 진정성, 깊이, 그리고 일관성에서 나온다. 그래서 우리가 존중할 수 없는 사람, 즉 말과 행동이 다르거나 원칙 없이 입장을 바꾸는 사람의 주장과 씨름하는 것은 시간 낭비에만 국한되지 않고 정신적 손실로 이어진다.

논쟁은 진리를 향한 탐구일 때 의미가 있다. 서로의 생각을 나누고 더 나은 이해에 도달하려는 진심이 있을 때, 의견의 충돌은 성장의 기회가 된다. 하지만 상대가 이기기 위해서만 말하고, 자신의 주장을 관철시키기 위해 논리를 왜곡한다면, 그것은 대화가 아니라 소모적인 공방에 지나지 않는다. 본질을 외면한 채 승리에만 매몰된 문답은 서로를 고양하기는커녕, 인간에 대한 냉소만을 남길 뿐이다.

존중할 수 없는 사람과의 논쟁에서는 이길 수도, 배울 수도 없다. 그들은 자신이 틀렸음을 인정하지 않으며, 논리보다 감정에, 진실보다 승리에 집착한다. 그런 상대와 맞서는 것은 바닥 없는 수렁에 빠지는 것과 같다. 애쓸수록 더 깊이 끌려 들어갈 뿐이다.

인생의 모든 것 중에서 가장 멋진 것은
세월이 흐를수록 관계가 깊어지고
아름다워지며 기쁨이 커지는 또 다른
한 사람을 발견하는 것이라고 생각한다.

_휴 월폴

인생에서 우리가 누릴 수 있는 가장 큰 행운은 시간이 지날수록 더 가까워지는 사람을 만나는 것이다. 대부분의 관계는 처음의 설렘이 지나면 익숙함 속에 무뎌지거나, 서로의 차이 앞에서 멀어진다. 하지만 어떤 관계는 세월과 함께 무르익어 오래될수록 더 깊은 이해와 신뢰로 채워진다.

시간이 관계를 깊게 만드는 것은 단순히 오래 함께했기 때문이 아니다. 나란히 겪은 계절들, 함께 나눈 침묵들, 같이 견뎌낸 어려움들이 두 사람 사이에 말로 설명할 수 없는 유대를 쌓아올린다. 서로의 상처를 알면서도 곁에 머무르고, 변화하는 모습을 받아들이며, 불완전함 속에서도 서로를 선택하는 과정이 관계를 단단하게 만든다.

그렇게 깊어진 관계는 시간이 흐를수록 안식이 된다. 함께 있을 때 굳이 증명하지 않아도 되고, 설명하지 않아도 이해가 남는다. 기쁨은 과장되지 않고, 슬픔은 혼자가 되지 않는다. 세월이 쌓일수록 더 소중해지는 단 한 사람의 존재, 그것이야말로 인생에서 우리가 받을 수 있는 가장 깊은 축복이다.

104 지식은 영원히 무지를 지배할 것이며,
스스로 통치자가 되고자 하는 국민은
지식이 주는 힘으로 자신을 무장해야 한다.

_제임스 매디슨

지식은 무지로부터 자신을 지켜내는 가장 강력한 방어선이다. 사람을 지배하는 것은 권력이 아니라 이해의 격차이며, 생각할 힘을 가진 개인만이 타인의 의도에 휘둘리지 않는다. 무지는 단순히 모르는 상태에 그치지 않고 타인의 생각을 자신의 신념으로 착각하게 만들기에, 스스로 생각하는 지식의 힘만이 우리를 그 예속으로부터 구출할 수 있다.

스스로를 통치하고자 하는 사회는 먼저 개인의 사고력을 요구받는다. 만약 합리적으로 판단하는 역량을 타인에게 위임한다면, 자유는 사실상 형식으로만 남게 된다. 법과 제도보다 먼저 필요한 것은 사실을 분별하고, 주장과 선동을 구별하며, 감정이 아닌 이성으로 선택할 수 있는 시민의 역량이다. 그리고 그 힘의 근원이 바로 지식이다.

지식으로 무장한다는 것은 모든 것을 안다는 뜻이 아니다. 질문할 수 있고, 의심할 수 있으며, 스스로 생각하려는 태도를 끝까지 포기하지 않는다는 의미다. 그런 개인이 많아질수록 사회는 외부의 강압적 지배가 아닌 내부의 성숙한 합의로 움직인다. 이성적 근간이 없는 자유는 모래 위에 세운 성처럼 오래 유지되지 못하며, 깊은 이해 위에 세워진 자유만이 어떤 폭풍에도 흔들리지 않고 지속된다. 결국 진정한 자유는 무지로부터의 해방이며, 지식만이 우리를 자유롭게 한다.

V

He must be independent and brave, and sure of himself
and of the importance of his work, because if he isn't he
will never survive the scorching blasts of derision that
will probably greet his first efforts.

_Robert E. Sherwood

독립적이고 용감해야 하며, 자신과 자신의 업무의
중요성에 대해 확신을 가져야 한다.
그렇지 않으면 첫 번째 시도가 맞이할 맹렬한 조롱의
광풍에서 절대 살아남을 수 없기 때문이다.

_로버트 E. 셔우드

Sometimes the first duty of intelligent men is the

restatement of the obvious.

_ George Orwell

때때로 지적인 사람의 첫 번째 의무는

당연한 사실을 다시 말하는 것이다.

_조지 오웰

당장 원하는 것 때문에 가장 원하는 것을 타협하지 않도록 조심하라.

_지그 지글러

인생의 많은 실패는 우선순위의 혼란에서 온다. 우리는 종종 눈앞의 작은 만족을 위해 더 큰 목표를 미루고, 순간의 편안함을 위해 장기적인 행복을 포기한다. 당장 원하는 것과 진정으로 원하는 것의 차이를 구분하지 못할 때, 우리는 중요한 것을 잃고도 그것이 무엇이었는지조차 깨닫지 못한다.

당장 원하는 것은 쉽고 즉각적이다. 노력 없이 얻을 수 있고, 기다림 없이 손에 쥘 수 있다. 반면 가장 원하는 것은 시간이 걸리고, 인내가 필요하며, 때로는 지금의 즐거움을 포기해야만 도달할 수 있다.

건강한 몸을 원하면서도 당장의 운동을 미루고, 경제적 자유를 꿈꾸면서도 눈앞의 소비 욕구를 참지 못한다. 깊은 관계를 바라면서도 불편한 대화를 회피하고, 성장하고 싶다면서도 익숙한 안전지대를 벗어나지 못한다. 이런 작은 선택들이 쌓여 우리가 가장 원했던 미래를 멀어지게 만든다.

중요한 것은 매 순간 선택의 무게를 인식하는 것이다. 이 결정이 나를 가장 원하는 곳으로 데려가는가, 아니면 그곳에서 멀어지게 하는가. 순간의 유혹에 흔들리지 않고 본질을 지켜내는 힘, 그것이 우리가 궁극적으로 바라던 삶을 만든다.

106 발전에는 일직선으로
가는 길이 없다.

_버락 오바마

발전은 늘 앞으로만 나아가는 과정처럼 보이지만, 실제로는 굽이치고 되돌아가며 진행된다. 멈춘 듯한 구간도, 후퇴처럼 느껴지는 시기도 변화의 일부로 포함된다. 겉으로 보이는 속도가 느려졌다고 해서 성장이 멈춘 것은 아니다. 직선으로 가야 한다는 생각은 성장을 앞당기기보다 좌절을 앞당기기 쉽다.

중요한 것은 속력을 앞세우기보다 방향을 잡는 일이며, 완벽한 계획을 고수하기보다 계속 조정할 수 있는 유연한 태도를 갖추는 것이다. 시행착오는 길을 찾는 과정에서 남는 흔적이다. 그 흔적은 실패의 기록이라는 틀을 벗어나, 어디로 가야 하는지를 온몸으로 배운 결과라는 진실을 담고 있다. 흔들림 없는 전진은 드물고, 우회 없는 성장은 현실에서 거의 일어나지 않는다.

발전은 깔끔한 직선으로 그려지지 않는다. 선택과 수정이 쌓여 남긴 흔적들의 합으로 드러나고, 돌아보면 비효율처럼 보였던 시간들이 지금의 자리를 만든다. 그때의 망설임과 지연마저 현재를 구성하는 일부였던 것이다. 그러니 더디게 가더라도, 돌아가더라도, 멈춘 것처럼 보여도 계속 나아가라. 그렇게 진정한 발전은 완벽한 경로가 아닌 포기하지 않는 여정에서 완성되는 것이다.

모든 사람을 가끔은 속일 수 있고,
일부 사람을 항상 속일 수는 있지만
모든 사람을 항상 속일 수는 없다.

_에이브러햄 링컨

진실은 가려질 순 있어도 사라지지 않는다. 교묘한 기만은 시간이라는 체 위에서 반드시 걸러지기 마련이다. 시간이 흐를수록 거짓의 틈새는 벌어지고, 감추려 했던 본질은 선명한 실체를 드러낸다. 거짓으로 세운 성은 화려해 보일지 몰라도, 진실이라는 거대한 흐름 앞에 속절없이 무너질 수밖에 없는 운명을 지닌다. 그리고 그 붕괴는 한 번 시작되면 절대 되돌릴 수 없다.

세상을 영원히 속일 수 있다는 오만함은 자신을 가장 깊은 수렁으로 밀어 넣는다. 대중은 침묵 속에서도 예리한 눈으로 진실을 관찰하고 진정성을 판별한다. 허황된 말보다 숨길 수 없는 태도와 선택이 엄정한 평가의 기준이 된다. 정직함이 가장 강력한 전략인 이유는 그것만이 유일하게 시간의 검증을 견디고 살아남기 때문이다.

마지막까지 남는 것은 투명한 진심이다. 순간의 이익을 좇기보다는 정직의 길을 걷는 이가 결국 최후의 승자가 된다. 진실은 그 자체로 온전하기에 스스로를 증명할 필요가 없지만, 거짓은 덮으려 할수록 또 다른 변명을 낳을 뿐이다. 거짓은 자신을 지탱하느라 주체를 소진시키지만, 진실은 시간이 흐를수록 삶의 무게를 가볍게 한다. 그래서 세상 앞에 떳떳한 정직함이야말로 그 어떤 권력보다 강력하고 영속적인 영향력의 원천이 된다.

논쟁할 때는 침착하라.
격렬함은 실수를 잘못으로 만들고,
진실을 무례함으로 만든다.

_조지 허버트

논쟁에서 가장 쉽게 잃어버리는 것은 논리보다 태도다. 말의 옳고 그름이 가려지기도 전에 감정의 높낮이가 대화를 지배해버리기 때문이다. 격렬함은 판단을 흐리게 하고, 작은 실수조차 고의처럼 보이게 만든다. 그렇게 감정이 앞서면 내용은 사라지고 인상만 남는다.

침착함은 논쟁의 속도를 늦추지만, 정확도를 높인다. 차분한 태도는 상대의 말 속에서 사실과 감정을 분리하게 하고, 자신의 주장도 불필요한 과장을 덜어낸다. 진실은 목소리를 높인다고 더 선명해지지 않는다. 오히려 낮은 톤에서 더 오래 버틴다.

결국 논쟁에서 이기는 것은 더 많이 말한 쪽이 아니라, 더 품위 있게 남은 쪽이다. 사람들은 당신의 논리보다 당신의 태도를 더 오래 기억한다. 열정적인 반박은 그 순간 강렬할 수 있지만, 차분한 주장은 시간이 지나도 설득력을 잃지 않는다. 논쟁의 목적이 진실에 가까워지는 것이라면, 우리가 먼저 내려놓아야 하는 것은 목소리의 높이다. 진정한 힘은 소리 안에 있지 않다. 침묵 속에서도 흔들리지 않는 확신 안에 있다.

109

감사함을 느끼면서도
표현하지 않는 것은 선물을
포장하고도 주지 않는 것과 같다.

_윌리엄 아서 워드

우리는 종종 '말하지 않아도 알 것'이라는 안일함이나 쑥스러움 뒤에 숨어 감사의 마음을 미뤄두곤 한다. 하지만 마음속에 머무는 진심은 상대에게 닿기 전까지는 그림자에 불과하다. 내면에서 아무리 뜨거운 고마움을 느낄지라도, 그것이 다정한 음성이나 따뜻한 손글씨로 치환되지 않는다면 그 마음은 결국 나만의 기억 속에 갇혀 점차 빛을 잃어가게 된다.

감사는 느끼는 순간보다 전하는 순간에 비로소 생명을 얻는다. 말로 건네진 한마디는 순간 온도를 높여 마음을 움직이고, 글로 남은 문장은 흩어지는 진심을 붙잡아 서로의 기억에 깊이 새겨진다. 표현된 감사는 상대의 하루를 덜 무겁게 만들고, 스스로의 마음도 한층 가볍게 한다. 그렇게 진심을 밖으로 옮기는 행위는 관계에 작은 균열을 만들어, 그 틈으로 온기가 스며들게 한다.

감사를 미루지 않는 태도는 배려의 기술이 아니라 용기의 문제다. 어색함을 넘고, 망설임을 건너, 지금 전하겠다고 선택하는 순간, 관계는 한 단계 깊어진다. 이처럼 전해진 고마움은 사라지지 않고 메아리가 된다. 상대에게 힘이 되고, 다시 누군가에게 전해지며, 자연스레 우리 모두를 더 따뜻한 사람으로 만든다.

고통은 인류의 위대한 스승이다.
그 숨결 속에서 영혼이 성장한다.

_마리 폰 에브너에셴바흐

고통은 우리를 위로하지 않는다. 대신 질문을 던진다. 왜 무너졌는지, 무엇이 부족했는지, 무엇을 버리고 무엇을 붙잡아야 하는지를 묻는다. 고통은 피하고 싶은 감정이지만, 동시에 가장 정직한 스승이 된다. 외면하려 할수록 더 또렷해지는 목소리로 우리 앞에 선다. 달콤한 성공은 우리를 안심시키지만, 고통은 우리를 끝까지 깨어 있게 만든다.

고통의 시간 속에서 영혼은 깊어진다. 이전에는 보지 못하던 타인의 아픔을 알아보고, 쉽게 단정하던 판단에 망설임이 생긴다. 상처는 시야를 넓히고, 상실은 삶의 우선순위를 다시 배열한다. 무너지지 않기 위해 붙잡았던 것들이 무엇이었는지도 그제야 분명해진다. 고통은 우리를 더 이해할 수 있는 존재로 바꾼다.

고통의 진정한 의미는 얼마나 아팠는지를 넘어서, 그 뒤에 어떤 사람으로 일어섰는지에서 드러난다. 같은 고통을 지나도 누군가는 더 좁아지고, 누군가는 더 넓어진다. 고통은 답을 주지 않는다. 다만 스스로를 속일 수 없게 만든다. 그 정직의 순간을 통과한 영혼만이 이전보다 한층 깊어진 자리로 옮겨간다.

때때로 우리가 통제할 수 있는
유일한 것은 관점이다.
우리는 상황을 통제할 수 없다.
하지만 상황을 어떻게
바라보는지는 선택할 수 있다.

_크리스 파인

삶은 우리 뜻대로 흘러가지 않는다. 비는 예고 없이 쏟아지고, 계획은 변수로 어긋나며, 타인은 각자의 궤적대로 움직인다. 이 거대한 흐름을 통제하려는 시도는 대개 무력감으로 끝난다. 하지만 그 혼란 속에서도 찬탈할 수 없는 최후의 영토가 있다. 상황을 어떻게 해석할 것인가에 대한 관점의 주권이다.

관점을 바꾸는 것은 현실 도피가 아닌 주체적인 의미의 재구성이다. 실패를 성장의 마침표로 둘 것인가, 도약을 위한 쉼표로 둘 것인가? 상실을 허무로 볼 것인가, 새로운 유입의 통로로 볼 것인가? 상황은 결코 답을 주지 않는다. 답은 상황을 바라보는 눈 속에 있으며, 선택된 의미가 다음 발걸음을 결정한다. 세상을 뒤바꿀 힘이 없을 때 눈을 바꾸는 것. 그것이 인간이 휘두를 수 있는 가장 우아한 반격이다.

진정한 자유는 외적 상황을 복종시키는 데 있지 않고, 내면의 관점을 선택하는 단호함에 있다. 상황에 휘둘리는 자는 환경이 던진 주사위에 삶이 종속되지만, 관점을 선택하는 자는 어떤 난관 앞에서도 운명의 고삐를 틀어쥔 삶의 주인이다.

**학교에서는 배운 다음에 시험을 치지만,
인생에서는 시험을 치르면서 배우게 된다.**

_톰 보뎃

학교에서는 검증된 지식을 먼저 습득한 뒤 그 성과를 증명해 보이지만, 인생이라는 실전은 가혹할 정도로 선후를 뒤바꾸어 놓는다. 우리는 대개 아무런 예습도 하지 못한 채 삶의 거센 파도 속에 던져지고, 그 위기의 한복판에서 생존하는 법을 온몸으로 체득하며 나아간다.

이렇듯 거친 현장이 곧 시험장이 되는 인생에서, 우리 앞에 놓인 시험지 위에는 오답이란 존재하지 않는다. 그곳엔 오직 '아직 배우지 못한 지혜'들만 존재할 뿐이다. 계획대로 되지 않는 순간과 예상치 못한 좌절은 보이지 않던 내면의 힘을 길러내기 위한 가장 치열한 수업이다. 고통스러운 시험의 과정을 통과하며 얻은 상처는 세상을 더 깊게 이해하는 통찰의 눈으로 변모한다.

따라서 인생의 시험을 마주할 때 필요한 것은 완벽한 정답이 아니다. 그 안에서 배움을 찾겠다는 유연한 태도이다. 준비가 덜 되었다는 불안감에 발을 멈추기보다, 부딪히고 깨지는 과정 자체를 성장의 필연적 경로로 받아들여야 한다. 매 순간 닥쳐오는 도전을 삶의 성숙을 위한 지혜의 성찬으로 여길 때, 우리는 마침내 시험의 고통을 넘어선 배움의 경지에 이르게 된다.

분노의 순간에 잠깐의 인내가 천 번의 후회를 막는다.

_알리 이븐 아비 탈리브

분노는 언제나 즉각적인 해소를 요구한다. 말 한마디, 행동 하나로 지금의 불편함을 끝내라고 부추긴다. 그러나 그 순간의 해방감은 오래가지 않는다. 감정이 지나간 자리에는 늘 수습해야 할 결과가 남는다. 관계의 균열, 신뢰의 손상, 되돌릴 수 없는 말들이 뒤늦게 무게를 드러낸다. 언제나 감정은 금세 식지만, 그 여파는 쉽게 가라앉지 않는다.

분노가 치밀어 오르는 순간일수록, 무엇보다 인내가 필요하다. 인내는 시간을 벌어주는 태도다. 잠깐 멈추는 그 틈에서 우리는 감정과 판단을 분리할 수 있고, 지금의 분노가 진짜 문제인지, 아니면 지나가는 파동인지 가늠할 수 있다. 인내는 분노를 없애지 않는다. 다만 분노가 우리의 결정을 대신하지 못하게 막아준다. 그리고 그 짧은 간격이 이후의 운명을 놀라울 정도로 바꾸기도 한다.

분노의 순간에 지켜낸 짧은 침묵은 수많은 후회를 미리 차단한다. 즉각 반응하지 않는 태도는 가장 값비싼 실수를 피하는 고귀한 지혜다. 인내는 지금의 감정을 이기는 것이 아닌 미래의 자신을 지키는 일이다. 결국 본질적인 강인함은 폭주하는 감정을 표출하는 데 있지 않고, 분노 앞에서도 자신을 잃지 않는 데 있다.

114

우리 사이의 벽은
벽돌로 만들어진 것이 아니라,
오해로 만들어진 것이다.

_존 러벅

사람 사이에 장벽이 들어서는 것은 대개 거대한 사건 때문이 아니다. 말하지 못한 채 삼킨 감정, 확인하지 않은 자의적 추측, 무심코 지나친 오해들이 켜켜이 내려앉아 단절의 벽을 세운다. 우리는 상대의 진심을 묻는 수고로움 대신 스스로 해석한 허상을 진실로 수용하곤 한다. 그 왜곡된 확신이 내면의 뿌리를 내리는 순간, 보이지 않는 벽은 숨죽여 높아진다.

오해의 본질적인 위험은 스스로 정당화한다는 데 있다. 상처받았다는 감정은 대화를 미루는 이유가 되고, 침묵은 거리로 굳어진다. 그러나 이토록 견고해 보이는 장벽은 역설적이게도 순간의 진심으로 무너질 수 있는 연약한 재질이다. 그것은 불완전한 사유가 빚어낸 마음의 잔상에 불과하기 때문이다.

단절을 허무는 일은 상대를 설득하는 데서 시작되지 않는다. 먼저 자신의 해석을 의심하고, 묻지 않았던 질문을 건네며, 듣지 않았던 말을 다시 듣는 태도에서 길이 열린다. 오해는 이해받고자 하는 마음을 헤아리는 순간 눈 녹듯 사라진다. 진심이 닿는 곳에 벽이 서 있을 자리는 없다.

동물의 왕국에서는 먹거나
먹히는 것이 규칙이지만,
인간의 왕국에서는 정의하거나
정의당하는 것이 규칙이다.

_토머스 사스

동물의 세계가 생물학적 투쟁의 장이라면, 인간의 세계는 의미를 선점하기 위한 관념의 전쟁터이다. 포식과 피식이라는 생존을 넘어 우리는 끊임없이 타인을 규정하고 동시에 정의당하며 살아간다. 인간의 왕국에서 권력이란 나 자신과 세상을 어떤 틀로 바라볼 것인지 결정하는 해석의 주도권이다.

문제는 누군가에 의해 정의당하는 순간, 인간의 무한한 가능성이 그 좁은 틀 안에 박제된다는 점이다. 타인이 덧씌운 낙인이나 사회적 정체성을 무비판적으로 수용할 때, 우리는 자신의 본연을 잃고 타인의 문장 속에 갇힌 존재로 전락한다. 정의당하는 것에 익숙해지는 것은 곧 자기 삶의 주인으로서 행사해야 할 고유한 주권을 포기하는 행위이다.

우리에게 필요한 것은 타인의 정의를 거부하고 스스로를 끊임없이 재해석할 수 있는 자유다. 동시에 타인을 성급하게 단정 짓는 오만을 경계해야 한다. 상대를 틀 안에 가두지 않고 서로의 가능성을 열어두는 태도가 중요하다. 인간의 성숙은 자신을 자유롭게 정의하면서도 타인의 자유를 침해하지 않는 균형 속에서 완성된다.

용감한 사람에게 행운과 불운은
왼손과 오른손과 같다.
그는 두 가지를 모두 사용한다.

_시에나의 성녀 카테리나

용감한 이에게 행운과 불운은 수동적인 숙명이 아니라 삶을 빚는 각기 다른 도구다. 행운은 전진의 동력으로, 불운은 단련의 기회로 삼으며 상황의 좋고 나쁨에 집착하기보다, 주어진 조건을 자신의 서사에 통합하는 데 집중한다. 그들은 운을 기다리기보다, 운을 다루는 법을 배운다. 양손을 자유자재로 쓰듯 운명의 양면을 부릴 때, 삶은 상황에 휘둘리지 않는 주체성을 얻는다.

이러한 태도는 감정의 기복을 줄이고 선택의 밀도를 높인다. 성공에 들뜨기보다 다음을 준비하고, 실패에 매몰되기보다 배울 점을 찾는 과정에서 삶은 우연의 연속이 아닌 해석과 선택의 누적으로 변모한다. 운의 좋고 나쁨을 평가하는 대신, 운이 요구하는 역할에 최선의 행동으로 응답하는 것이다.

삶의 장악력은 사건을 수용하는 내면의 단단함에서 결정된다. 행운 앞에서의 절제와 불운 속에서의 성찰이 만날 때, 우리는 운명의 주인이 된다. 흔들리는 것은 사건이 아니라 해석임을 아는 순간, 삶은 다시 중심을 되찾는다. 이렇듯 삶의 어떤 질문에도 당황하지 않고 자신만의 해답을 써 내려가는 용기야말로, 변덕스러운 우연을 필연적인 성취로 승화시키는 인간만의 고귀한 능력이다.

117 건강한 신체에 건강한 정신이 깃든다는 것은
이 세상에서 행복한 상태를 간결하면서도
완전하게 묘사한 것이다.
이 두 가지를 가진 사람은 더 바랄 것이
거의 없으며, 그 중 하나라도 없는 사람은
다른 어떤 것도 별로 도움이 되지 않을 것이다.

_존 로크

행복은 몸과 마음의 간결한 조화에서 시작된다. 아무리 높은 지혜도 고통받는 육체 안에서는 빛을 발하기 어렵고, 강건한 신체도 정신이 공허하다면 그저 빈 껍데기에 불과하다. 삶의 만족은 두 영역이 적절히 균형을 이룰 때 오롯이 자리를 잡는다.

신체는 정신이 세상을 경험하는 통로이며, 정신은 신체가 나아갈 방향을 정하는 나침반이다. 육체의 활력이 없는 정신은 쉽게 무기력에 빠지고, 정신의 평화가 없는 육체는 스트레스에 잠식당한다. 이 둘은 서로를 지탱하며 작동하고, 어느 한쪽의 결핍은 곧 다른 한쪽의 혼란으로 이어진다. 두 축의 균형이 무너지는 순간, 삶의 질서 또한 함께 붕괴된다.

존 로크의 통찰은 우리 욕망의 우선순위를 재정립하게 한다. 부와 명예는 이 두 조건이 충족된 후에야 의미를 갖는 부차적인 장식일 뿐이다. 뿌리가 빈약한 성취는 스스로 지탱하지 못할뿐더러, 그 무게를 견디지 못해 결국에는 붕괴를 피할 수 없다. 진정한 행복은 인생의 가장 기본이 되는 두 세계를 온전하게 돌보는 데서 시작된다. 그 균형 위에서만 삶은 흔들리지 않고 지속 가능한 평온을 얻는다.

속도를 늦추고 인생을 즐겨라.
빨리 가면 풍경만 놓치는 것이 아니라,
어디로 가는지 왜 가는지에 대한
감각도 놓치게 된다.

_에디 캔터

빠름을 숭상하는 시대에 속도를 늦추는 것은 용기 있는 선택이다. 우리가 앞만 보고 달릴 때 놓치는 것은 길가의 풍경만이 아니다. 성과와 비교에 쫓겨 내달릴수록 삶은 점점 '해야 할 일'로만 채워지고, 왜 달리고 있는지, 그리고 지금 도달하려는 곳이 정말 내가 원하던 목적지인지에 대한 '자기 감각' 자체를 상실하게 된다.

빠른 속도는 시야를 좁게 만든다. 맹목적인 질주 속에서는 삶의 세밀한 기쁨과 의미들이 흐릿한 잔상으로 변해버린다. 하지만 걸음을 늦추면 비로소 보이지 않던 것들이 선명해진다. 내가 누구인지, 무엇을 위해 이 길을 걷고 있는지 되묻는 시간 속에서 삶의 주도권은 다시 나에게로 돌아온다. 여유는 게으름이 아니라 나침반을 확인하며 경로를 수정하는 가장 적극적인 항해술이다.

인생은 과정 자체가 목적이 되어야 하는 긴 여행이다. 서둘러 도착한 끝에 남는 것이 허무뿐이라면 그 질주는 무의미하다. 잠시 속도를 줄이고 숨을 고르는 시간이야말로, 삶의 풍경을 완전히 내 것으로 만들고 올바른 방향으로 나아가게 하는 가장 확고한 방법이다.

더 이상 상황을 바꿀 수 없을 때, 우리는 스스로를 변화시켜야 한다.

_빅토르 E. 프랑클

인간이 맞닥뜨리는 가장 깊은 절망은 상황 그 자체가 아니라, 그것을 더 이상 통제할 수 없다는 무력감에서 비롯된다. 외부 세계를 바꿀 힘을 상실한 순간, 인간은 자기 자신을 다시 세워야 하는 존재론적 과제 앞에 놓인다. 이때의 변화는 단순한 적응이나 체념이 아니다. 고통의 의미를 새롭게 해석하고, 무너진 자아의 틀을 재구성하며, 인격의 차원을 한 단계 끌어올리는 내면의 도약이다.

변화의 초점을 외부에서 내부로 돌리는 순간, 상황은 비극일지라도 인간은 더 이상 희생자로 남지 않는다. 어떤 상황에서도 내가 어떤 사람이 될지를 스스로 결정하는 것이기 때문이다. 스스로를 변화시킨다는 것은 시련을 성장의 자양분으로 삼겠다는 의지이며, 어떤 물리적 구속도 침범할 수 없는 정신의 자유를 선언하는 행위와 같다.

가장 거대한 변화는 상황을 바라보는 영혼이 단단해지는 것이다. 외부의 폭풍을 멈출 수 없다면 그 속에서도 흔들리지 않는 뿌리를 내려야 한다. 바꿀 수 없는 환경에 저항하기보다 나 자신의 본질을 가다듬는 데 집중할 때, 우리는 어떤 역경 속에서도 자신만의 고귀한 삶의 궤적을 완성해 나갈 수 있다.

**평화는 갈등이 없는 것이 아니라,
평화로운 방법으로
갈등을 처리하는 능력이다.**

_로널드 레이건

우리는 흔히 평화를 마찰 없는 고요함으로 착각하지만, 현실에서 갈등은 생존의 필연적 부산물이다. 서로 다른 욕구와 가치관이 부딪치는 곳에서 갈등을 피할 길은 없다. 진정한 평화는 충돌을 파괴가 아닌 대화로 전환하는 성숙한 역량에 있다.

힘으로 상대를 굴복시키는 방식은 즉각적이고 자명한 해결책처럼 보이지만, 갈등을 해결하는 대신 깊숙이 매몰시킬 뿐이다. 침묵 속에 잠복한 불화는 해결되지 않은 채 관계의 기반을 서서히 갉아먹고, 그렇게 억눌린 불만은 반드시 더 큰 폭발로 돌아온다. 반면 평화로운 방식은 인내와 경청을 요구하기에 고되지만, 그 과정을 통과한 관계는 이전보다 훨씬 견고한 신뢰를 얻는다. 갈등은 성장을 위한 통과의례인 셈이다.

결국 평화는 증명해내야 할 능력이다. 격앙된 감정 앞에서도 경청을 선택하는 용기, 보복 대신 대화를 제안하는 의지가 곧 평화의 실체이기 때문이다. 갈등은 회피해야 할 재앙이 아니라 삶의 필연적인 과정이다. 그것을 대하는 태도가 곧 우리의 품격이자, 우리가 누릴 평화의 깊이를 결정한다는 사실을 반드시 기억해야 한다.

늦게 배우는 것이 전혀
배우지 않는 것보다 낫다.

_푸블릴리우스 시루스

시작하기에 늦은 때란 없다. 마흔에 악기를 들고, 쉰에 외국어를 익히며, 예순에 붓을 잡아도 충분하다. '이제 와서 무슨 소용인가?'라는 생각은 스스로 만든 한계일 뿐이다. 배우지 않은 채 머물기보다 늦게라도 시작하는 편이 언제나 현명하다.

나이는 핑계가 될 수 없다. 과거를 후회하며 멈춰 있거나, 지금 시작해 남은 시간을 바꾸거나. 선택은 언제나 현재의 몫이다. 몇 년 뒤 다시 후회할지, 아니면 그때 시작하길 잘했다고 미소 지을지는 오직 오늘의 결단에 달려 있다.

배움은 결과만을 위해 존재하지 않는다. 무언가를 새로 배우는 행위는 단순히 지식을 채우는 것이 아니라, 굳어가는 삶의 관성을 깨고 자신을 끊임없이 재탄생시키는 고매한 의식이다. 그렇게 새로운 것을 시작하는 순간, 정체된 삶은 다시 활기차게 움직인다. 무엇보다도 늦은 배움이 주는 최고의 보상은 내 삶을 다시 사랑하고 싶어지는 뜨거운 마음 그 자체다.

휴식은 게으름이 아니다.
여름날 나무 아래 풀밭에 때때로 누워서
물소리를 듣거나 하늘을 떠다니는 구름을
바라보는 것은 절대 시간 낭비가 아니다.

_존 러벅

우리는 쉬는 시간조차 정당화해야 하는 강박의 시대를 살고 있다. 아무것도 하지 않는 순간을 '재충전'이나 '생산성 향상'을 위한 준비 단계로 포장하지 않으면 불안을 느낀다. 그 결과 휴식은 삶의 자연스러운 리듬이 아니라, 반드시 쓸모를 입증해야만 허락되는 예외적 시간이 된다.

그러나 진정한 휴식은 무언가를 얻기 위한 수단이 아니다. 나무 아래 누워 물소리를 듣고 구름을 바라보는 행위는 당장의 성과를 약속하지 않지만, 바로 그 무용(無用)함 덕분에 인간을 본연의 상태로 회복시킨다. 이때의 쉼은 자신도 모르게 마비되었던 감각을 되살리는 일이다. 속도를 늦출 때 우리는 다시 듣고, 보고, 느끼기 시작하며, 삶의 본질 또한 그 지점에서 복구된다.

휴식이 게으름으로 오해받는 것은 인간을 끊임없이 가동되어야 하는 생산 도구로 규정해 온 효율 중심의 사고 때문이다. 하지만 멈추지 못하는 삶은 결국 궤도를 이탈한다. 쉰다는 것은 무너진 삶의 균형을 바로잡는 능동적인 선택이다. 휴식은 삶을 지속하게 만드는 필수적인 전제 조건인 것이다.

한 번의 패배와
최후의 패배를 혼동하지 마라.

_F. 스콧 피츠제럴드

우리는 종종 한 번의 좌절을 삶 전체의 결론처럼 받아들인다. 일이 어그러졌을 때, 관계가 무너졌을 때, 기대한 결과를 얻지 못했을 때 그것을 끝으로 해석해 버린다. 그러나 패배는 사건이지 판결이 아니다. 그럼에도 불구하고 사람들은 스스로에게 너무 이른 종결 선언을 내린다. 사실 그런 판단은 대개 상황보다 마음의 피로에서 비롯된다.

한 번의 패배는 방향을 잃었다는 신호일 수는 있어도, 가능성이 소멸되었다는 증거는 아니다. 문제는 패배 그 자체보다, 그것에 대한 해석에 있다. 최후의 패배는 외부에서 주어지지 않는다. 스스로 더 이상 시도하지 않겠다고 결정하는 순간, 그때 비로소 끝이 난다. 현실적으로 멈추겠다는 결심이 실패보다 훨씬 치명적이다.

우리에게 필요한 것은 냉정한 분별이다. 지금의 실패가 정말 끝인지, 아니면 아직 이어지고 있는 과정의 한 장면인지 묻는 일이다. 삶은 단선적으로 흐르지 않고, 흔들림과 후퇴를 포함한 채 진행된다. 한 번의 패배를 끝으로 착각하지 않는 사람만이 그 이후의 시간을 다시 소유한다. 실패는 삶의 기본 조건일 뿐, 근본적으로 삶의 성패를 가르는 것은 그 시련을 읽어내는 방식이다.

매일은 작은 삶이다.
깨어남과 일어섬은 작은 탄생이고,
새 아침은 작은 청춘이며,
쉼과 잠은 작은 죽음이다.

_아르투어 쇼펜하우어

하루는 단순히 연속된 시간이 아니다. 끊임없이 닫히고 열리는 하나의 순환이다. 아침은 가능성을 열고, 낮은 선택을 요구하며, 밤은 그 선택을 정리한다.

그래서 하루를 산다는 것은 주어진 순간에 맞는 태도를 고르는 일에 가깝다. 무리하지 않고 시작하고, 도망치지 않고 통과하며, 미련 없이 내려놓는 것. 더 많은 것을 갈구하는 대신, 지금 이 하루를 온전히 살아내는 것만으로도 충분하다.

잠자리에 들 때 하루가 조용히 끝났다면, 그날은 이미 제 몫을 다한 것이다. 잘 산 하루는 더 많은 내일을 요구하지 않는다. 과도한 기대도, 끝없는 불만도 없이 하루를 마감할 수 있다면, 그것이야말로 완결된 하루다.

이렇게 반복되는 작은 삶들이 어느새 하나의 인생을 이룬다. 우리는 매일을 통해 조금씩 태어나고, 조금씩 살아가며, 조금씩 잘 떠나는 법을 배운다. 삶의 의미는 먼 곳에 있지 않고 매일 반복되는 평범한 순환 속에서 욕망을 다스리고 순간을 받아들이는 연습 안에 있다.

＿**125** 어떤 것이든 세심한 주의를
기울이는 순간, 심지어 풀잎 한 포기라도
그 자체로 신비롭고 경이로우며
형언할 수 없을 만큼 장엄한 세계가 된다.

_헨리 밀러

세상의 경이로움은 대상 그 자체가 아니라 그것을 바라보는 우리의 '시선'에 달려 있다. 흔히 특별한 장소나 거대한 사건에서만 장엄함을 찾으려 하지만, 진정으로 생동하는 삶은 발밑의 풀잎 한 포기에서 우주를 읽어내는 세심함에서 시작된다. 주의를 기울인다는 것은 단순히 보는 행위를 넘어, 대상의 본질에 깊이 공감하며 존재의 벽을 허무는 일이다.

무심히 지나치면 배경에 불과했던 것들도 애정 어린 시선이 머무는 순간 저마다의 생명력으로 빛나기 시작한다. 풀잎의 맥동이나 바람의 무늬를 세밀하게 관찰할 때 우리는 일상의 권태에서 벗어날 수 있다. 경이로움은 우리가 기울인 정성이 대상에 투영되어 나타나는 결과물이기 때문이다.

결국 삶의 질은 발견의 깊이가 결정한다. 바쁜 일상 속에서 잠시 멈춰 작은 것에 시선을 고정하는 행위는 그 자체로 고귀한 정신적 작업이다. 우리가 세심한 주의력을 회복할 때 평범한 풍경은 형언할 수 없는 장엄한 세계로 탈바꿈한다. 일상에 숨겨진 신비를 찾아내는 시선이야말로 세상을 가장 아름답게 누리는 유일한 방법이다.

비참하게 실패할
용기를 가진 사람들이
크게 성취할 수 있다.

_존 F. 케네디

'비참한 실패'는 단순한 좌절을 넘어 체면과 자존심이 완전히 무너지는 붕괴를 뜻한다. 하지만 역설적으로 이 바닥을 경험한 이는 더 이상 내려갈 곳이 없음을 깨달으며 실패의 공포에서 해방된다. 실패의 깊이를 알아야 성공의 높이도 가늠할 수 있으며, 그 바닥을 밟아본 사람만이 한계 없이 뻗어 나갈 담력을 얻는다.

이러한 밑바닥의 경험은 불필요한 껍데기를 벗기고 본질에 집중하게 만드는 정화의 과정이다. 모든 것을 잃은 지점에서야 비로소 자신의 진짜 동력과 목적지를 명확히 깨닫게 되기 때문이다. 패배를 딛고 일어선 이에게 실패는 다음 도약을 위한 냉철한 가르침이자 성장의 연료가 된다.

위대한 성취는 오점 하나 없는 완벽한 승리의 기록이 아니라, 처참한 붕괴 속에서도 다시 발을 내딛는 의지의 총합이다. 안전한 울타리에 안주하는 자는 절대 도달할 수 없는 경계는 오직 '비참해질 준비'가 된 이들에게만 허락된다. 두려움을 정면으로 통과해 평범함의 관성을 떨쳐낸 사람만이 마침내 자신만의 독보적인 궤도에 오를 수 있다.

아무리 혼란스럽더라도,
들꽃은 여전히 어딘지도
모르는 곳에서 피어날 것이다.

_세릴 크로

세상이 뒤흔들리고 불확실해지면 우리는 모든 것이 멈춘 듯한 절망에 빠지곤 한다. 하지만 거대한 혼란 속에서도 자연은 자신의 소임을 멈추지 않는다. 이름 모를 들꽃은 누가 보아주지 않아도, 자신이 피어날 자리를 정확히 알지 못해도, 제때를 맞이하여 묵묵히 꽃망울을 터뜨린다. 그 생명은 주목을 요구하지 않으며, 다만 자기 차례를 조용히 살아낼 뿐이다.

진정한 강인함은 앞이 보이지 않는 혼돈 속에서 생명력을 피워 올리는 태도에 있다. 세상이 아무리 소란해도 본질적인 가치와 아름다움은 소음과 상관없이 어딘가에서 자라나고 있다. 그것들은 명료하게 드러나지 않을 뿐, 쉽사리 사라지지 않는다. 들꽃의 존재 방식은 우리에게 혼란을 견디는 고요한 통찰을 준다.

들꽃이 환경을 통제하지 않고 피어나듯, 인간 역시 모든 조건을 확신한 뒤에만 삶을 이어가는 존재는 아니다. 앞이 보이지 않아도 자기 몫의 하루를 살아내는 조용한 지속이 혼란을 이기는 가장 깊은 힘이다. 완벽한 상황은 좀처럼 오지 않지만, 삶은 그럼에도 계속 이어진다. 그래서 세상이 흔들릴수록 우리에게 필요한 것은 계속 피어 있으려는 들꽃을 닮은 마음이다.

128

인생의 낭비는 우리가 베풀지 않은 사랑,
사용하지 않은 능력, 아무것도 감수하지
않으려는 이기적인 신중함, 그리고 고통을
피하려다 결국 행복도 놓쳐버리는 것에 있다.

_메리 촘리

사람들은 돈과 시간의 낭비에는 민감하지만, 정작 인생 자체를 방치하는 것에는 둔감하다. 진짜 낭비는 아무것도 하지 않음으로써 그 가치를 스스로 증발시켜 버리는 무위(無爲)에 있다. 표현하지 못한 감정과 시도하지 않은 재능이 미련으로 쌓일 때, 시간은 흐르지만 아무것도 채워지지 않은 공허한 삶이 된다.

신중함을 미덕이라 여기며 모든 위험을 회피하면 삶은 정체된다. 고통을 막으려는 방패가 역설적으로 행복까지 차단하기 때문이다. 사랑과 도전은 본질적으로 상처받을 위험을 내포한다. 이 위험을 감당하기보다 회피할 때, 삶의 생동감은 사라지고 무감각한 안전함만 남는다. 깊은 행복은 언제나 자신의 취약함을 드러내는 용기를 전제로 한다.

인생을 제대로 산다는 것은 가진 것을 아낌없이 소진하는 일이다. 능력은 발휘될 때, 사랑은 베풀어질 때, 용기는 위험 앞에 설 때 비로소 증명된다. 죽음 앞에서 후회하는 것은 실패가 아니라 시도조차 하지 않은 일들이다. 그런 관점에서 비극의 정점은 충분히 가졌으면서도 끝내 쓰지 못한 채 마감하는 인생이 아닐까?

가난이 배움을 가로막는
장애물이 되어서는 안 되며,
배움은 가난에서 벗어날 수 있는
탈출구가 되어야 한다.

_린든 B. 존슨

가난의 가장 무서운 점은 '어쩔 수 없다'는 무력감을 내면화시키는 데 있다. 하지만 배움만큼은 그 무력감에 굴복하게 두어서는 안 된다. 배움은 지식을 채우는 수단을 넘어, 척박한 현실을 객관화하고 그 너머를 꿈꾸게 하는 정신적 독립 선언이기 때문이다. 가난을 배움의 장애물로 방치하지 않고, 오히려 결핍을 성장의 동력으로 치환할 때 인생의 전열을 가다듬을 수 있다.

개인에게 배움이 탈출구가 된다는 것은 삶의 주도권을 탈환한다는 뜻이다. 배움은 보이지 않던 선택지를 발견하게 하고, 외부가 규정한 '가난한 나'를 깨부수어 '가능성의 나'로 재구성한다. 가진 게 없는 이에게 지식은 누구도 뺏을 수 없는 유일한 자산이며, 무너진 자존감을 세워 현실의 중력을 이겨내게 하는 강력한 지렛대가 된다.

배움은 세상을 바라보는 문법을 바꾸고, 주어진 불운을 '어쩔 수 없는 숙명'이 아닌 '해결해야 할 문제'로 바라보게 한다. 환경은 여전히 가혹할지라도, 끈질기게 매달리며 공부하는 사람은 더 이상 가난에 길들여지지 않는다. 결국 스스로 배우고 자신을 다시 일으켜 세우는 그 정직한 수고가, 가난이라는 감옥을 허물고 더 넓은 세상으로 나가는 가장 확실한 열쇠가 될 것이다.

예술은 불안한 사람을 위로해야 하고,
편안한 사람을 불편하게 해야 한다.

_뱅크시

예술은 세상의 온도를 조절하는 장치와 같다. 삶의 무게에 짓눌려 흔들리는 이들에게 예술은 "당신은 혼자가 아니다"라는 위로를 던지며 무너진 마음을 보듬는 안식처가 된다. 극심한 불안 속에서도 우리가 아름다운 음악이나 그림 한 점에 눈물 흘리며 다시 살아갈 힘을 얻는 것은 예술이 인간의 상처를 가장 깊숙이 어루만지는 언어이기 때문이다.

반면, 가진 것이 많아 현실의 부조리에 눈감고 안주하는 이들에게 예술은 날카로운 가시가 되어야 한다. 당연하게 누리는 평화가 누군가의 고통 위에 세워진 것은 아닌지, 우리가 외면한 진실은 무엇인지 끊임없이 질문을 던져 그들의 안락함을 뒤흔들어야 한다. 예술이 권력과 부조리를 풍자하고 불편한 진실을 들춰낼 때, 잠들었던 사회적 양심은 깨어난다.

예술의 진정한 가치는 단순히 미적인 즐거움을 주는 데 있지 않다. 그것은 낮은 곳에 있는 이들에게는 손을 내밀고, 높은 곳에 머무는 이들에게는 눈을 뜨게 만드는 삶의 파동이다. 위로와 불편함이라는 상반된 감정을 동시에 불러일으킴으로써, 예술은 우리가 사는 세상을 조금 더 정의롭고 따뜻한 곳으로 한 걸음 밀어 올린다.

VI

Silent gratitude isn't very much use to anyone.

_Gertrude Stein

마음속으로만 하는 감사는

누구에게도 별 도움이 되지 않는다.

_거트루드 스타인

In this world nothing can be said to be certain, except

death and taxes.

Benjamin Franklin

이 세상에서 확실하다고 말할 수 있는 것은

죽음과 세금밖에 없다.

_벤저민 프랭클린

우리는 다른 사람을 행동으로 판단하고,
자기 자신은 의도로 판단한다.

_스티븐 코비

타인의 잘못에 대해서는 그 사람이 처한 상황보다 눈에 보이는 '행동' 자체를 문제 삼으며 비난하기 쉽다. 반면, 자신의 실수에 대해서는 "그럴 의도는 아니었다"라며 마음속의 '선한 의도'를 방패 삼아 관대한 면죄부를 주곤 한다. 이러한 시선의 비대칭은 나를 '상황의 희생자'로 만들고, 타인을 '악의를 가진 가해자'로 규정하게 만든다.

타인과 나의 거리를 좁히는 핵심은 이 시선의 방향을 뒤집는 데 있다. 자신의 진심과는 어긋난 서툰 행동이 상대에게 준 상처를 직시할 때 진정한 반성이 시작되고, 타인의 행동 뒤에 숨겨진 복잡한 사정을 헤아릴 때 깊은 이해가 가능해진다. 그렇게 근원적 반성과 이해가 열리는 순간, 우리는 옳고 그름을 심판하던 자리에서 물러나 같은 불완전함을 지닌 인간의 자리로 돌아오게 된다.

진정한 소통은 '시선의 역지사지'에서 완성된다. 자신에게는 더 엄격한 행동의 잣대를, 타인에게는 더 따뜻한 의도의 잣대를 적용할 때 오해의 장벽은 허물어진다. 내 진심이 면죄부가 될 수 없음을 인정하며 행동을 살피고, 타인의 거친 겉모습에 매몰되지 않고 마음을 읽어낼 때, 우리는 마침내 서로의 실체에 닿는 성숙한 인격의 단계로 나아갈 수 있다.

성공하는 사람은 누구나 사람들을 돕고 있다.
성공의 비결은 필요를 찾아서 채우고,
상처를 찾아서 치유하며, 문제를 찾아서
해결하는 것이다.

_로버트 H. 슐러

성공을 개인의 성취로만 이해하면 본질을 놓친다. 그것은 누군가의 삶에 다리를 놓는 과정에서 자연스럽게 형성되기 때문이다. 세상이 필요로 하는 문제에 답하지 않은 성취는 오래 남지 못한다. 반대로 타인의 불편을 덜어낸 흔적은 시간이 지나도 가치를 잃지 않는다. 결국 성공은 누군가의 삶에 실제로 도움이 되었을 때 뒤따라오는 응답에 가깝다.

많은 이들이 돈과 명예라는 자기 욕망에만 매몰되어 정작 중요한 "나는 누구를 도울 것인가?"라는 본질적 질문을 잊는다. 자기중심성에 갇히면 기회는 보이지 않는다. 시선이 자신에 고정되는 순간, 세상의 필요는 배경으로 밀려난다. 반면에 타인의 고통과 세상의 요구를 예민하게 포착하는 이들에게는 성공의 길이 선명하게 열린다. 그래서 기회는 멀리 있지 않다. 대개 우리가 외면한 자리에서 조용히 기다리고 있을 뿐이다.

성공의 크기는 곧 해결한 문제의 크기에 비례한다. 이는 도덕적 훈계가 아니라 냉철한 경제적 원리다. 문제를 해결하는 가치를 창출하지 않고는 대가를 기대할 수 없으며, 누군가에게 기여하지 않는 성공은 결코 지속될 수 없다. 그렇게 진짜 성공은 움켜쥐는 손이 아닌, 무언가를 남기고 간 발자국에서 완성된다.

감사란 놀라운 것이다.
그것은 다른 이들의 뛰어남을
우리의 것으로 만들어 준다.

_볼테르

볼테르의 통찰은 감사의 작동 방식을 놀라울 만큼 정확하게 짚어낸다. 우리는 보통 감사를 예의나 겸손의 표현으로 생각하지만, 볼테르가 말하는 감사는 훨씬 능동적인 힘이다. 감사는 단순히 고마움을 느끼는 감정이 아니라, 타인의 장점을 삶 안으로 끌어들이는 태도다. 그렇게 볼 때 감사는 소유의 개념을 바꾼다. 내가 직접 이루지 않은 뛰어남조차도, 감사하는 순간 내 삶의 일부가 된다.

감사가 다른 이들의 뛰어남을 우리의 것으로 만든다는 말은, 비교의 논리를 전복한다. 우리는 흔히 타인의 탁월함 앞에서 위축되거나 질투를 느낀다. 그러나 감사는 그 반대의 선택이다. 상대의 능력을 선물로 받아들일 때, 우리는 시기하는 경쟁자를 넘어서 배움의 관찰자가 되며, 그 순간부터 타인의 성취는 나를 확장시키는 자원이 된다.

감사하는 사람은 세상을 결핍의 공간으로 보지 않는다. 이미 도처에 존재하는 타인의 탁월함을 기민하게 포착하여 자신의 성장을 위한 자양분으로 흡수하기 때문이다. 감사란 단순하게 고마움의 언어가 아닌, 삶을 더 크게 만드는 지적 능력에 가깝다.

말로 하든 글로 쓰든 모든
슬픈 표현 중에서 가장 슬픈 것은
'그럴 수도 있었을 텐데'이다.

_존 그린리프 휘티어

우리는 실패가 가장 고통스럽다고 생각하지만, 시간이 흐른 뒤 마음을 가장 깊게 할퀴는 것은 시도조차 하지 않은 일에 대한 미련이다. '그럴 수도 있었을 텐데'라는 말 속에는 이미 가버린 기회와 되돌릴 수 없는 과거에 대한 무력한 가정이 담겨 있다. 실패는 교훈이라도 남기지만, 하지 않은 일은 오직 '만약에'라는 고통스러운 환상만을 남길 뿐이다.

후회는 대개 안전만을 선택한 대가로 지불하게 되는 감정이다. 상처나 비난이 두려워 내딛지 못한 발걸음은 훗날 '그때 그랬더라면'이라는 독백이 되어 돌아온다. 우리가 진정 두려워해야 할 것은 아무것도 하지 않은 채 시간을 흘려보내 내 삶을 온통 가정법의 슬픔으로 채우는 일이다.

이 슬픈 문장에서 벗어나는 유일한 길은 삶을 '했더라면'이라는 미련의 문법이 아닌, '한다'라는 실행의 문법으로 써 내려가는 것이다. 결과가 어떠하든 마음이 지시하는 방향으로 몸을 던지는 순간, '그럴 수도 있었을 텐데'라는 유령 같은 문장은 힘을 잃고 사라진다. 삶은 시도한 것들의 총합이며, 시도하지 않은 가능성은 끝내 인생 그 어디에도 자리할 수 없다.

이 세상에서 인간이 가질 수 있는
가장 위대하고 고귀한 즐거움은
새로운 진리를 발견하는 것이다.
그 다음은 오래된 편견을 떨쳐내는 것이다.

_프리드리히 대왕

인간이 누릴 수 있는 가장 고귀한 즐거움은 단연 새로운 진리를 발견하는 순간에 있다. 미지의 영역을 지도의 안쪽으로 끌어들이고 세상의 작동 원리를 깨우칠 때, 우리는 지적 확장의 환희를 경험한다. 새로운 깨달음은 어제까지 보이지 않던 길을 열어주는 빛이며, 우리를 더 높은 차원으로 진화시키는 가장 강력한 동력이다.

그 위대한 발견의 기쁨을 완성하는 다음 단계는 오래된 편견을 떨쳐내는 일이다. 새로운 진리가 우리에게 날개를 달아준다면, 낡은 편견을 벗어던지는 것은 우리를 묶고 있던 사슬을 끊어내는 해방감을 선사한다. 아무리 눈부신 진리를 발견하더라도 익숙한 고정관념이라는 감옥에 갇혀 있다면 그 깨우침은 온전히 내 것이 될 수 없기 때문이다.

진정한 지성은 채움과 비움의 조화에서 탄생한다. 새로운 진리로 견고히 내면을 채운 다음, 그 진리가 내 안에 깊이 뿌리내릴 수 있도록 낡은 생각의 잔재를 걷어내야 한다. 진리를 향한 뜨거운 발견과 스스로를 객관화하는 냉철한 탈피가 만날 때, 인간은 편협함에서 벗어나 세상의 본질을 온전하게 마주하게 된다.

136

자극과 반응 사이에는 공간이 있다.
그 공간 안에 우리의 반응을
선택할 힘이 있다. 우리의 반응 안에
우리의 성장과 자유가 담겨 있다.

_빅토르 E. 프랑클

외부의 자극과 나의 반응 사이에는 미세하지만 거대한 공간이 존재한다. 대부분의 사람은 이 틈을 인지하지 못한 채 자극이 오면 반사적으로 화를 내거나 굴복하지만, 깨어 있는 사람은 이 공간 안에서 자신의 응답을 스스로 선택한다. 이 짧은 순간이 바로 외부의 강요가 미치지 못하는 내면의 성소이며, 삶의 주도권을 지켜내는 최후의 보루다.

이 공간을 점유하는 능력은 곧 자유의 크기와 직결된다. 자극이 피할 수 없는 운명이라면, 그 자극에 어떤 의미를 부여하고 어떻게 대응할지 고르는 것은 오직 개인의 역량이다. 아무리 가혹한 환경이라도 반응을 선택할 권리만큼은 누구도 빼앗을 수 없기에, 이 공간을 지배하는 법을 익힌 사람은 더 이상 외부 상황에 끌려다니는 삶을 살지 않는다.

성장이란 자극과 반응 사이의 공간을 넓히는 과정이다. 처음엔 순간에 불과해 놓치기 쉽지만, 치밀어 오르는 감정을 한 호흡 고르고 충동을 멈추는 연습을 반복하면 이 틈은 점차 확장된다. 진정한 자유는 이 내밀한 보루를 자각하고 사수하는 힘에서 비롯된다.

공짜 점심 같은 것은 없다.

_밀턴 프리드먼

세상에 공짜 점심은 없다. 모든 혜택 뒤에는 반드시 누군가의 희생이나 나의 기회비용이 숨어 있기 때문이다. 당장 손에 쥔 이득이 공짜처럼 보일지라도, 그것은 미래의 시간이나 잠재적 가능성, 혹은 보이지 않는 위험을 담보로 빌려온 것에 불과하다. 선택에는 언제나 보이지 않는 계산이 따라붙는다. 이 자명한 사실을 외면할 때 우리는 달콤한 유혹에 빠져 더 큰 대가를 치르게 된다.

지혜로운 자는 눈앞의 횡재에 현혹되지 않고, 그 뒤에 숨겨진 보이지 않는 청구서를 먼저 살핀다. 성공을 원한다면 치열한 노력을, 자유를 원한다면 책임이라는 의무를 감당해야 한다. 삶은 대가 없는 보상을 결코 허락하지 않는다. 값을 치르지 않고 얻으려는 요행은 삶을 부채의 늪으로 몰아넣을 뿐이다.

이 진리를 체득한 사람은 삶의 모든 거래를 냉철하게 직시한다. 쉽게 얻은 것은 쉽게 사라지고, 정당한 값을 치른 것만이 온전한 내 것이 된다. 대가를 감수하지 않은 선택은 어느 시점부터 반드시 이자를 청구하기 마련이다. 공짜 점심은 없다. 하지만 제값을 치를 각오가 된 사람에게는 그 어떤 것도 비싸지 않다.

138 진정한 친구보다
더 좋은 것은
천국 말고는 없다.

_플라우투스

진정한 친구가 귀한 이유는 그 존재 자체가 삶의 고단함을 잊게 하는 안식처이기 때문이다. 천국이 평온의 상징이라면, 마음이 통하는 친구와의 시간은 이 거친 세상에서 그 평온을 미리 맛보는 기적과 같다. 기쁨은 질투 없이 배가 되고 슬픔은 판단 없이 나누어지는 관계는 고단한 생의 질문에 삶이 건네는 가장 다정한 응답이다.

플라우투스가 우정을 천국과 견준 이유는 우정이 물질적 성취로는 절대 채울 수 없는 영혼의 결핍을 채워주기 때문이다. 진정한 친구는 나의 과거를 이해하고, 미래를 믿어주며, 현재의 나를 있는 그대로 긍정해 준다. 말없이 곁에 있어 주는 그 신뢰는 흔들리는 순간마다 다시 삶을 붙잡게 하는 힘이 된다. 그런 존재를 곁에 두는 것은 이미 삶의 가장 값진 축복을 품고 사는 것이다.

인생의 충만함은 도달한 정점의 높이보다, 그 곁을 채운 우정이라는 작은 천국으로 아름답게 완성된다. 우리는 성공을 추구하며 살아가지만, 인생에서 진정으로 위안이 되는 것은 쌓아 올린 업적이 아니라 함께했던 사람들이다. 그래서 진정한 친구와 함께하는 사람은 이미 천국에 있으며, 그것만으로도 삶의 이유는 이미 충분하다.

우리의 삶은 위험을
감수할 때만 발전할 수 있다.
그리고 우리가 취할 수 있는
가장 어려운 첫 번째 위험은
자신에게 솔직해지는 것이다.

_월터 앤더슨

우리는 흔히 위험 감수라고 하면 외적인 결단이나 도전을 떠올린다. 하지만 그보다 어렵고 근원적인 위험은 바로 나 자신의 초라함, 욕망, 상처를 가감 없이 직시하는 일이다. 자신에게 솔직해지는 것은 겹겹이 쌓아온 자기합리화의 성벽을 허무는 과정이기에, 세상 그 어떤 모험보다 두렵고 고통스럽다.

그러나 진정한 도약은 이 '정직한 붕괴' 위에서만 시작된다. 나를 속이는 데 낭비하던 에너지를 멈추고 내면의 민낯을 마주할 때, 나아가야 할 방향이 선명해지기 때문이다. 자신을 기만하면 제자리를 맴돌 뿐이지만, 자신에게 정직해지면 결핍을 동력 삼아 어제보다 나은 존재로 거듭난다.

근본적인 성장은 외적 영토를 넓히는 확장이 아닌, 내면의 진실을 수용하는 깊이의 문제다. '자기 정직'이라는 위험을 기꺼이 감수할 때, 삶은 가식의 정체를 끝내고 본질적인 진화를 시작한다. 자신을 직시하는 그 서늘한 용기가 우리를 가장 자유롭고 단단한 길로 인도하는 이정표가 될 것이다.

세상은 그 안에 존재하는
의로운 사람들에게 얼마나 많은
빚을 지고 있는지 전혀 모르고 있다.

_F. F. 브루스

우리는 흔히 거대한 자본이나 강력한 권력이 세상을 움직인다고 믿는다. 하지만 세상이 무너지지 않고 지탱되는 실질적인 이유는 자기 이익보다 가치를 우선하는 '이름 없는 의인'들의 헌신 덕분이다. 정직을 위해 손해를 감수하고, 아무도 보지 않는 곳에서 타인의 고통을 외면하지 않는 이들의 작은 실천이 모여 우리 사회의 핵심적인 근간을 형성한다.

세상은 이들에게 큰 빚을 지고 있지만, 정작 그 가치를 알아채지 못할 때가 많다. 의로운 행위는 대개 요란하지 않으며, 그들이 지켜낸 평화는 너무나 당연한 공기처럼 느껴지기 때문이다. 만약 이들이 의로움을 포기하고 각자도생의 길을 택한다면, 세상은 순식간에 불신과 혼돈의 늪으로 침몰하고 말 것이다.

한 시대를 지탱하는 진정한 힘은 보이지 않는 곳에서 흐르는 도덕적 긴장감에서 나온다. 그 긴장감은 법이나 제도로 강제되지 않으며, 각자의 양심이 스스로 부과한 조용한 책임에서 비롯된다. 그래서 이 보이지 않는 무구한 헌신을 기억하고 그 가치를 자각하는 것이야말로, 우리가 더 나은 공동체로 나아가는 첫걸음이다.

화를 낸다는 것은 다른 사람의 잘못을
자신에게 복수하는 것이다.

_알렉산더 포프

우리는 누군가 잘못을 저지르면 분노를 투사함으로써 그 사람을 단죄하려 한다. 그러나 이는 치명적인 착각이다. 우리는 분노가 상대를 응징할 거라 믿지만, 정작 고통받는 쪽은 자신이다. 상대는 이미 일상으로 돌아갔음에도 나 홀로 밤새 분노를 곱씹으며 잠을 설치고 평화를 무너뜨린다. 결국 분노는 타인의 잘못에 대한 대가를 내 몸과 마음으로 치르는 비합리적인 대납이다.

화를 내는 순간 이성은 증발하고 통제력은 마비된다. 분노는 상황을 개선하기보다 관계를 파괴하며, 정당한 요구조차 감정의 소음 속에 묻어버린다. 잠깐의 통쾌함 뒤에는 고갈된 에너지와 추락한 품위, 낭비된 시간만이 남을 뿐이다. 화를 내고 난 뒤 상황은 제자리인데 나만 지쳐 있는 것. 이것이 분노가 가진 파괴적인 역설이다.

지혜로운 사람은 자신의 감정을 타인에게 인질로 잡히지 않는다. 상대의 잘못을 직시하되, 폭발하는 대신 냉정한 거리를 두며 복수 대신 단호한 경계를 선택한다. 이는 굴복이 아니라 가장 영리한 자기보호다. 방관이 무력함에서 비롯된다면, 경계는 평화를 지키려는 올곧은 의지에서 비롯된다. 타인의 비루함이 내 평화를 앗아갈 권리는 없다. 화를 놓아주는 것은 나를 분노라는 감옥에서 해방시키는 결단이다.

책임감을 느끼고 싶은 날을 골라서
선택할 수는 없다. 책임감은 피곤하다고
해서 사라지는 것이 아니다.

_팻 서밋

책임감은 의욕이 있을 때만 작동하는 감정이 아니다. 컨디션과 상관없이, 이미 맡은 역할 위에 조용히 놓여 있다. 그래서 책임은 종종 의욕보다 먼저 무게로 다가온다. 하지만 책임이 진짜 힘을 발휘하는 순간은 이미 지쳤다고 느끼는 날이다. 몸은 쉬고 싶어도 해야 할 일 앞에 다시 서는 순간, 그 선택이 한 사람의 신뢰를 만든다.

책임감은 끝까지 버텨내는 체력보다 끝까지 돌아오는 마음에 가깝다. 아무리 힘들어도 맡은 일 앞으로 돌아오고, 아무리 지쳐도 자신이 져야 할 몫을 놓지 않으며, 아무도 보지 않는 자리에서도 약속을 지키는 태도가 책임감의 본질이다. 책임은 평범한 반복 속에서 드러나며, 그 반복이 쌓일 때 흔들리지 않는 믿음의 뿌리가 만들어진다.

책임은 시간이 지나며 우리를 지탱하는 기둥이 된다. 처음에는 무겁게만 느껴지던 책임이 반복 속에서 내면의 힘으로 바뀌고, 그 힘은 삶의 근간이 되는 결정적 내공이 된다. 책임을 끝까지 감당해온 사람만이 스스로 신뢰할 수 있으며, 그 자기 신뢰 위에서 어떤 상황에서도 쉽게 무너지지 않는 존재가 완성된다.

상당한 시간 동안 집중할 수 있는 능력은
어려운 성취를 위해 필수적이다.

_버트런드 러셀

집중력은 정신적 근육이다. 훈련하지 않으면 약해지고, 지속적으로 사용해야 유지된다. 안타깝게도 오늘날 집중력은 희귀한 능력이 되어가고 있다. 끊임없는 알림, 무한한 콘텐츠, 즉각적인 자극이 우리의 주의를 조각낸다. 5분 이상 한 가지에 몰두하기 어렵고, 결과적으로 복잡한 문제를 붙잡고 씨름하는 능력을 잃어간다. 어려운 성취가 멀어지는 이유는 집중할 수 없기 때문이다.

진정한 성취는 깊이에서 나온다. 복잡한 문제는 오래 붙잡고 있어야 풀리며, 천재적인 발견도 오랜 집중의 산물이다. 하지만 집중력이 약한 사람은 문제의 표면만 핥다가 금방 넘어간다. 깊이 파고들기 전에 포기하고, 어려워지면 회피하며, 결국 아무것도 제대로 완성하지 못한다.

집중력을 회복하는 것이 현시대의 경쟁력이다. 모두가 산만해지는 환경에서 깊이 집중할 수 있는 사람은 압도적인 우위를 점한다. 한 시간 동안 방해 없이 몰두하면, 대부분의 사람들이 하루 종일 해도 못하는 일을 해낼 수 있다. 집중은 시간의 질을 바꾼다. 성취를 간절히 원한다면 산만함을 차단하고 깊이 파고드는 습관을 회복해야 한다. 그렇게 집중할 수 있는 사람만이 탁월한 성취에 도달한다.

쓸데없는 불안에 굴복하지 마라.
최악의 상황에 대비하는 것은 옳지만,
그것을 확실한 일로 여길 이유는 없다.

_제인 오스틴

대비와 집착은 엄연히 다르다. 최악의 가능성을 상정해 준비하는 것은 책임감의 영역이지만, 그것을 필연적인 결말로 받아들이는 순간 불안은 이성을 잠식한다. 준비는 행동을 또렷하게 만들지만, 확신에 찬 비관은 도리어 행동을 마비시킬 뿐이다. 대비하는 사람은 여러 시나리오를 준비하지만, 집착하는 사람은 최악의 시나리오만 반복해서 그린다.

불안의 치명적인 함정은 아직 오지 않은 가능성을 이미 일어난 사실처럼 대하는 데 있다. 실재하지 않는 미래를 현실로 착각하면 현재의 선택은 왜곡되고, 소중한 에너지는 미래의 그림자에 남김없이 소모된다. 진정한 대비는 모든 가능성을 열어두는 사고여야지, 불행을 기정사실로 닫아버리는 결론이 되어서는 안 된다. 삶의 주도권은 일어나지 않은 일을 미리 아파하는 예언자보다, 불확실성을 유연하게 마주하며 오늘을 직시하는 관찰자에게 머문다.

이 문장은 불안을 없애라는 주문이 아니라, 불안의 자리를 정해주는 조언이다. 준비는 철저히 하되, 가능성을 확정으로 바꾸지 않는 냉철한 선을 지켜야 한다. 그 선은 두려움과 숙고를 가르는 최소한의 경계이기도 하다. 그 경계를 유지할 때 우리는 침착함을 회복하고 현재에 필요한 최선의 행동을 선택할 수 있다. 지혜란 최악을 준비하면서도 끝내 그것에 굴복하지 않는 균형 잡힌 태도에 있다.

그 사람의 관점에서 상황을
고려해보기 전까지는 그 사람을
진정으로 이해할 수 없다.

_하퍼 리

진정한 이해는 자신의 편견을 유보하고 타인의 삶이라는 낯선 궤도에 접속하는 겸허한 시도에서 시작된다. 상대가 처한 배경과 그를 형성한 역사를 도외시한 채 내리는 판단은, 타인의 본질을 오독하는 오만이자 차가운 선입견의 투영일 뿐이기 때문이다.

타인의 관점에서 상황을 바라보는 것은 자기중심적인 사고의 틀을 깨고 인식의 지평을 넓히는 행위이다. 그가 견뎌온 무게와 그를 짓누르는 두려움을 직접 마주하기 전까지, 우리는 절대 그가 내린 선택의 정당성을 논할 자격이 없다. 이해란 내 시각을 정답이라 확신하는 오만을 버리고, 타인의 맥락 속에서 도출된 그만의 진실을 인정하려는 능동적인 의지다.

타인을 포용하는 힘은 공감의 상상력에서 나온다. 상대의 신발을 신고 그가 걸어온 거친 길을 상상해 보는 과정을 거칠 때, 인간은 혐오라는 쉬운 선택을 버리고 존중이라는 성숙한 가치를 택하게 된다. 타인의 시선으로 세상을 바라보는 법을 익힐 때, 우리는 비좁은 세계관을 벗어나 삶의 무게를 온몸으로 버텨낸 한 사람의 고유한 문장을 마주하게 된다.

영웅은 압도적인 장애물에도
불구하고 끝까지 견디고 버틸 힘을
찾아내는 평범한 개인이다.

_크리스토퍼 리브

영웅은 처음부터 완성되어 나타나는 존재가 아니다. 압도적인 장애물 앞에서 도망치지 않기로 한 선택의 누적이 그들을 영웅으로 만들 뿐이다. 포기할 이유는 도처에 널려 있지만, 그럼에도 불구하고 자신의 자리를 지키기로 결심한 순간 평범한 개인은 이미 영웅의 궤도에 진입한다. 영웅성의 본질은 끝내 포기를 유예하는 지독한 인내에 가깝다.

견딘다는 것은 엄습하는 고통을 선명하게 인지하면서도, 그 파도에 휩쓸리지 않을 내면의 닻을 기어이 내리는 일이다. 보장된 결과가 없는 불투명한 상황에서 자신을 매일 시험대에 올리는 그 무거운 선택만이, 인간을 이전보다 단단한 존재로 벼려낸다.

영웅은 극적인 순간에 완성되지 않는다. 아무도 주목하지 않는 시간, 성과가 드러나지 않는 구간에서 자신을 지탱해 온 힘이 조용히 쌓여 만들어진다. 그 힘은 환호 속에서 얻어진 것이 아니라, 반복되는 침묵과 고독을 통과하며 길러진 내적인 근력이다. 결국 영웅이란 특별한 운명을 타고난 존재를 넘어, 자신의 몫으로 주어진 삶의 무게를 끝까지 감당해 낸 평범한 개인이다.

성공의 주요 열쇠 중 하나는
우회와 중단을 최대한 활용하고
역경을 기회로 전환하면서 여정을
계속 전진하는 것입니다.

_존 C. 맥스웰

성공을 목표만 보고 달리는 최단 거리의 질주로 정의하는 태도는 위험하다. 오히려 예기치 못한 암초를 항로의 일부로 수용하며 나아가는 유연한 전진이 진정한 성공에 가깝다. 우회는 경로에서 벗어나는 실수로 보이기 쉽지만, 더 안전한 도착을 위한 지극히 현실적인 전략이다. 중단도 전진을 접는 선택으로 끝나지 않고, 다음 도약을 위해 동력을 응축하는 과정으로 기능한다.

역경을 기회로 전환하는 힘은 상황을 낙관하는 태도 이전에, 발생한 사건의 맥락을 재정의하는 인식의 근력에서 나온다. 막다른 길 앞에서 좌절하는 자는 그곳을 끝이라 부르지만, 지혜로운 자는 그 벽을 딛고 서서 새로운 방향을 탐색하는 조망대로 삼는다. 장애물은 우리가 아직 발견하지 못한 우회로를 가리키는 이정표일 뿐이다.

삶의 성취는 끊임없는 변수 속에서도 궤도를 수정하며 나아가는 지속성에서 결정된다. 우회로에서만 볼 수 있는 풍경이 있고, 멈춰 선 시간에만 길어 올릴 수 있는 통찰이 있다. 시련의 무게에 눌려 침몰하지 않고 그 에너지를 기어이 반전의 동력으로 삼는 자만이 자신만의 지도를 완성하며 궁극의 목표에 도달하게 된다.

우리는 너무 자주…
생각의 불편함 없이 의견의
편안함을 누리고 있다.

_존 F. 케네디

누구에게나 의견은 있다. 문제는 대다수가 '의견의 소유'를 '사유의 결과'로 착각한다는 점이다. 파편화된 정보에 의존해 내린 성급한 판단은 사유의 부재를 방증할 뿐이다. 맥락을 생략한 채 받아들인 단편적 지식은 생각을 확장하기보다 오히려 사고를 단순화한다. 이렇게 가공된 의견은 근거가 희박할지라도, 그 확신만큼은 견고한 무기가 되어 타인을 공격한다.

진정한 사유는 필연적으로 불편하다. 자신의 믿음이 흔들리는 순간을 마주하게 되고, 모호함이 주는 혼란을 견뎌야 하기 때문이다. 생각이 깊어질수록 판단은 늦어지고, 확신은 오히려 줄어든다. 오류를 직면하는 고통을 감내하는 자만이 사유의 문턱을 넘지만, 대부분은 익숙한 의견 뒤로 숨는 쪽을 택한다. 확증 편향의 늪에서 누리는 안락함에는 결코 지적 성장이 깃들 수 없다.

사회가 확신에 찬 구호를 요구할수록 우리에게 필요한 것은 불편함을 감수하는 사고다. 복잡한 난제 앞의 쉬운 답은 위험하며, 빠른 판단은 맹목으로 흐르기 쉽다. 생각하지 않아도 되는 답일수록 대중에게는 매력적으로 보이지만, 그 대가는 언제나 뒤늦게 드러난다. 진짜 지성은 언제든 틀릴 수 있음을 인정하는 정직함에 있다. 사유의 불편함을 거치지 않은 확신은 신념이 아니라, 시대를 소란스럽게 울리는 거대한 편견의 외침일 뿐이다.

사람들은 행복할 때 겨울인지 여름인지 신경 쓰지 않는다.

_안톤 체호프

참된 행복은 조건을 초월한다. 우리는 환경이 완벽해야 행복할 거라 믿지만, 정작 행복한 순간에는 외부 조건이 중요치 않다. 사랑하는 이와 함께하거나 열정에 몰두하는 충만한 순간에는 계절도 날씨도 그저 배경일 뿐이다. 행복은 내면에서 피어나며, 그것이 충분할 때 환경은 더 이상 문제가 되지 않는다.

조건이 완벽해도 불행할 수 있고, 부족해도 행복할 수 있다. 겨울이 추운 것은 자연의 섭리지만, 그 추위가 가혹하게 느껴지는 것은 마음이 헐벗었기 때문일지도 모른다. 반대로 진정 행복할 때는 눈보라 속에서도 아름다움을, 무더위 속에서도 생동감을 느낀다. 계절은 변하지 않았지만, 우리가 달라진 것이다.

행복을 외부에 의존하면 우리는 영원히 불완전함에 머문다. 완벽한 상황은 존재하지 않으며, 만약에 존재한다 하더라도 지속될 수 없다. 하지만 내면의 행복은 외적 흐름과 무관하게 유지될 수 있다. 결국 진정한 행복은 주어지는 기적을 기다리는 일이 아니라, 지금의 조건 안에서 의미를 선택하고 마음의 중심을 스스로 세우는 능력에서 비롯된다.

삶의 만족도의 80%는
의미 있는 관계에서 비롯된다.

_브라이언 트레이시

성과와 소유가 만족의 척도라는 믿음은 흔한 착각이다. 삶의 끝에 남는 감정의 밀도는 결국 사람과의 연결에서 비롯된다. 아무리 거대한 성취도 나눌 이가 없다면 메아리 없는 독백에 불과하다. 기쁨과 좌절의 무게는 '누구와 함께했는가?'에 의해 결정되고, 같은 사건이라도 함께한 존재에 따라 기억의 온도는 전혀 달라진다.

진정한 관계는 수용의 깊이에 있다. 내가 어떤 모습이든 받아들여질 것이라는 신뢰, 삶의 파고 속에서도 기꺼이 닻이 되어줄 존재가 있다는 확신은 그 무엇보다 든든한 영혼의 버팀목이다. 세계가 흔들리고 기반이 무너지는 순간에도 우리가 기어이 다시 서는 이유는, 나를 붙드는 관계의 매듭이 여전히 견고하기 때문이다.

성취는 시간을 통과하며 빛이 바래지만, 관계는 세월이 쌓일수록 더욱 깊어진다. 삶의 질을 높이는 가장 현명한 투자는 끊임없이 자신을 증명하는 목록을 채우는 것이 아니라, 서로의 삶에 정성껏 머무는 시간을 확보하는 일이다. 그 시간은 성과처럼 드러나지 않지만, 삶의 바닥을 가장 단단히 받쳐준다. 그렇게 인생이라는 긴 여정에서 우리가 얻을 전리품은 서로의 고독을 어루만져 줄 의미 있는 이름들이다.

문해력이 없이는 산업 혁명도,
민주주의도, 스스로 통치할 수 있는
국민도 가질 수 없다. 인쇄기는
그야말로 문해력을 풀어준 열쇠였다.

_하워드 라인골드

문해력은 글자를 읽는 기술을 넘어 세상에 참여하기 위한 실존적 조건이다. 글을 읽고 핵심을 이해하지 못하면 독립적 판단은 불가능해진다. 산업 혁명이 설명서를 실행으로 옮기는 노동자 위에서 완성되고 민주주의가 시민의 정책 이해도를 바탕으로 작동하듯, 문해력은 사회 운영의 설계도와 같다. 이 능력이 마비되면 개인의 판단력은 사라지고 해석의 권력은 정보를 점유한 소수에게 종속된다.

인쇄기의 등장은 지식을 특권에서 보편적 권리로 전환하며 사고 주체의 폭발적 확대를 불러왔다. 읽는 개인은 종교개혁과 과학혁명을 촉발하며 기존 체제의 위계질서를 근본적으로 재편했다. 이처럼 문해력은 세상을 이해하는 안목인 동시에 낡은 질서를 해체하는 변혁의 동력이었다.

하지만 우리는 안타깝게도 실질적 문해력이 퇴화하는 역설의 시대에 살고 있다. 말초적 자극에 매몰되어 사유의 층위가 무너진 시민은 선동에 취약해지고, 이해가 거세된 민주주의는 빈 껍데기로 전락한다. 스스로 통치하는 지적 자치권을 되찾기 위해서는 정보의 소음을 뚫고 본질을 꿰뚫는 비판적 문해력을 다시 연마해야 한다. 그것만이 어지러울 정도로 빨리 돌아가고 위태롭게 흔들리는 사회 속에서 우리를 지탱할 유일한 방책이다.

자신감을 가지면 많은 것을 즐길 수 있다.
그리고 즐길 수 있게 되면
놀라운 일들을 해낼 수 있다.

_조 네이머스

삶의 커다란 성취는 언제나 하나의 공식처럼 움직인다. 자신감이 생기면 과정을 즐기게 되고, 그 즐거움 속에서 몰입할 때 누구도 예상치 못한 압도적인 성과에 도달한다. 자신감은 인간이 가진 잠재력을 최대로 끌어내어 거대한 결과물로 연결하는 가장 강력한 매개체다.

그렇다면 이 결정적인 자신감은 어디에서 오는가? 자신감의 진짜 뿌리는 현재에 대한 압도적 집중에 있다. 외부의 시선이나 미래의 불안을 지우고 지금 당면한 과업에 모든 정신을 쏟아부을 때, 잡념이 사라진 빈자리에 흔들리지 않는 자기 신뢰가 차오른다. 결국 자신감이란 눈앞의 일에 깊이 파고드는 과정에서 자연스럽게 얻어지는 심리적 자산이다.

이렇게 형성된 자신감은 우리를 위대한 결과로 인도한다. 자신감이 내면을 지탱하면 실패에 대한 위축 대신 상황을 장악하는 여유가 생기고, 그 여유가 고된 노동을 유희로 바꾸어 놓기 때문이다. 스스로 믿고 현재에 집중하는 사람에게 성취는 더 이상 고통스러운 인내의 산물이 아니다. 그것은 즐거움의 끝에서 마주하게 되는 필연적이고도 당연한 기적이다.

다른 사람을 비난함으로써 그 사람이
뭔가에 대해 죄책감을 느끼게 만드는 데는
성공할 수 있지만, 당신을 불행하게 만드는
자신의 무언가를 바꾸는 데는 성공하지
못할 것이다.

_웨인 다이어

비난은 타인을 흔들 수는 있어도 나를 바로 세우지는 못한다. 타인에게 죄책감을 안겨주는 행위는 일시적인 감정의 해소나 도덕적 우월감을 줄 뿐, 내 삶을 불행하게 만드는 본질적인 결핍을 해결해 주지는 못한다. 비난의 화살을 밖으로 돌릴수록, 정작 변화가 필요한 내면의 목소리는 외면당하고 만다.

불행의 원인을 외부에서 찾으려 애쓰는 태도는 인생의 주도권을 타인에게 양도하는 것과 같다. 그리고 상대가 잘못을 뉘우치고 사과한다고 해서 내 안의 불행이 저절로 치유되는 것도 아니다. 비난은 고통을 잠시 잊기 위한 마취제에 불과하며, 마취가 풀린 자리에는 여전히 바뀌지 않은 초라한 현실이 기다리고 있다.

변화의 시작은 비난을 멈추고 시선의 방향을 되돌리는 것에 있다. 타인을 정죄하는 데 낭비했던 에너지를 나를 바꾸는 추진력으로 전환해야 한다. 내 삶을 불행하게 만드는 습관이나 사고방식을 직시하고 스스로 수정해 나갈 때, 우리는 타인의 행동과 무관한 진정한 평온에 도달할 수 있다. 단언컨대, 삶을 근본적으로 바꾸는 유일한 방향은 언제나 밖이 아니라 안쪽으로 향한다.

신은 모든 곳에 있을 수 없기에
어머니를 만드셨습니다.

_러디어드 키플링

어머니는 신이 인간에게 보낸 가장 구체적인 형태의 구원이다. 어머니라는 이름 안에서 인간은 생애 최초의 안식처를 발견하며, 조건 없이 수용되는 경험을 통해 세상을 살아갈 근원적인 용기를 얻는다.

어머니의 헌신은 불완전한 인간사에서 발견할 수 있는 가장 신성한 흔적이다. 자신의 삶을 깎아 타인의 세계를 세우는 이 숭고한 이타심은, 보이지 않는 신의 섭리를 가시적인 사랑의 실체로 증명해 낸다. 우리가 어떤 실패 속에서도 끝내 무너지지 않는 이유는, 세상 모두가 등을 돌릴지라도 기꺼이 나의 편이 되어줄 절대적인 지지자가 존재한다는 확신 덕분이다.

그렇게 어머니는 신이 우리에게 허락한 사그라지지 않는 기적이다. 시간이 흘러 머리카락이 희어지고, 손이 떨리며, 기억이 흐려져도 그 사랑의 뿌리는 여전히 우리 안에 살아 숨 쉰다. 우리가 마지막 숨을 내쉴 때도, 세상의 모든 소리가 멀어지고 어둠이 다가올 그 순간에도, 가장 먼저 떠오르는 것은 아마도 어머니의 온기일 것이다.

문제를 해결하지 못하더라도
토론하는 것이, 토론 없이 문제를
해결하는 것보다 낫다.

_조제프 주베르

해결책은 결과일 뿐이지만, 토론은 문제를 대하는 공동체의 철학이다. 토론 없는 해결은 당장의 갈등을 봉합할 뿐 그 밑바닥에 흐르는 오해와 소외까지 치유하지는 못한다. 문제는 제거할 대상이기 전에 서로의 다름을 확인하고 접점을 찾아가는 기회여야 한다. 비록 명쾌한 결론에 도달하지 못할지라도, 대화를 통해 서로의 시각을 나누는 과정 그 자체가 이미 절반의 해결을 의미한다.

토론 없는 독단적인 결론은 빠르지만, 동의가 결여된 대책은 결국 불신이라는 불씨를 남긴다. 반면 치열하게 논쟁하는 과정은 공동체의 내실을 다지는 밑거름이 된다. 당장 답을 얻지 못해도 토론을 거치며 쌓인 서로에 대한 이해는, 다음 문제를 해결할 가장 강력한 자산인 '신뢰'로 남는다.

성숙한 사회의 핵심은 정답을 찾아가는 여정에 모두의 자리를 마련하는 데 있다. 해결되지 않은 문제는 다음의 과제로 남겨두면 되지만, 토론이 생략된 해결은 공동체의 영혼 자체를 메마르게 한다. 함께 고민하고 말할 수 있는 장이 살아있을 때, 인간은 문제에 함몰되지 않고 삶의 주체로서 연대할 수 있다. 과정의 가치를 존중하는 토론이야말로 표면적 해결을 넘어 궁극적 통찰로 나아가는 유일한 길이다.

해내기 전까지는 항상 불가능한 일처럼 보인다.

_넬슨 만델라

불가능은 경험의 부재가 만든 심리적 장벽이다. 우리는 가보지 않은 길을 '할 수 없는 것'이라 부르고, 시도하지 않은 미래를 '비현실적'이라 단정하곤 한다. 그러나 인식은 언제나 과거를 기준으로 내일을 재단하기에, 새로운 가능성은 늘 과장된 두려움의 형태로 먼저 나타난다. 즉, 불가능은 낯선 대상을 마주할 때 느끼는 감각의 착시일 뿐이다.

해결책은 실행의 현장에서 구체화되며, 자신감은 시도의 반복 속에서 단단해진다. 처음의 서투름은 실패의 징조가 아닌 성장의 징후에 가깝다. 불가능해 보이던 과업이 어느덧 당연한 성취로 바뀌는 이유는 그 과정을 통과하며 우리의 역량이 확장되었기 때문이다. 우리는 해낼 수 있어서 시작하는 것이 아니라, 시작했기 때문에 해낼 수 있게 된다.

불가능은 목적지와 현재 사이의 '거리'일 뿐, 우리를 가로막는 영원한 '벽'이 아니다. 그 벽이 사실은 새로운 세계로 향하는 '문'이었다는 사실은 끝까지 가본 자만이 깨닫는 진실이다. 불가능은 한계의 끝이기에 앞서, 기존의 틀을 깨고 도약하는 새로운 분기점의 시작이다.

To experience sublime natural beauty is to confront the
total inadequacy of language to describe what you see.

_Eleanor Catton

숭고한 자연의 아름다움을 경험한다는 것은

자신이 본 것을 묘사하는 언어의 완전한 한계와

직면하는 것이다.

_엘리너 캐턴

One way of preventing disease is worth fifty ways of

curing it.

_Sir William Osler

질병을 예방하는 한 가지 방법이

그것을 치료하는 50가지 방법보다 가치 있다.

_윌리엄 오슬러

157 기분이 좋을 때는 감사한 마음을 갖고,
기분이 좋지 않을 때는 우아하게
대처하는 것이 인생 요령이다.

_리처드 칼슨

행복은 기분이 좋을 때 그 기쁨을 온전히 누리는 감사에서 시작된다. 좋은 기분은 삶이 선사하는 일시적인 선물이다. 그 기쁨을 무심히 흘려보내지 않고 의식적으로 받아들이는 순간, 행복은 단순한 기분을 넘어 경험으로 남는다. 기분이 고조되었을 때 오만해지지 않고 그 순간의 충만함을 감사로 매듭짓는 태도는 긍정적인 기운을 내면에 축적하는 가장 좋은 방법이다. 그렇게 감사는 기쁨의 유효기간을 늘리는 가장 빛나는 수단이다.

진정한 내공은 기분이 좋지 않을 때 확실하게 증명된다. 그 순간을 어떻게 통과하느냐가 우리가 어떤 사람으로 남을지를 조용히 결정한다. 그래서 감정의 저기압이 찾아올 때 필요한 것이 바로 '우아한 대처'다. 우아함이란 불쾌한 기분이 나의 본질을 훼손하지 못하도록 격조 있게 거리를 두는 태도다. 감정의 소용돌이 속에서도 평정심을 잃지 않는 품위는 나를 보호하는 가장 단단한 갑옷이 된다.

감정에 반응하는 삶과 감정을 다루는 삶 사이에는 결정적인 차이가 있다. 그것은 일희일비하지 않고 상황에 맞는 태도를 선택함으로써, 환경에 지배당하지 않는 주권을 되찾을 때 주어지는 자유다. 그래서 좋을 때는 감사로 기쁨을 나누고, 시련의 시기에는 우아함으로 그늘진 시간을 통과해야 한다. 감정의 질서를 다스리는 힘이 자리 잡으면 삶은 표류가 아니라 항해가 된다.

물방울이 돌을 뚫는 것은 힘이 아니라 자주 떨어지기 때문이다.

_루크레티우스

사람들은 큰 변화를 이루기 위해 강한 의지나 특별한 재능이 필요하다고 믿는다. 하지만 삶에서 대부분의 성과는 눈에 띄지 않는 반복 속에서 만들어진다. 물방울 하나는 아무 힘도 없어 보이지만, 멈추지 않고 같은 자리에 떨어질 때 가장 단단한 돌조차 형태를 바꾼다.

지속의 힘은 늘 과소평가된다. 하루의 노력은 미미해 보이고, 그날의 변화는 거의 느껴지지 않는다. 그래서 우리는 쉽게 포기한다. 그러나 반복은 눈에 보이지 않는 방식으로 방향을 바꾸고, 쌓이지 않는 것처럼 보이던 시간은 어느 순간 되돌릴 수 없는 차이를 만든다. 변화는 선형적으로 드러나지 않으며, 보이지 않게 축적되다가 역치를 넘는 순간 비로소 명료하게 인식된다.

삶을 결정짓는 것은 단 한 번의 눈부신 도약이 아니라, 지루한 권태를 이겨낸 성실함의 밀도다. 거대한 장애물 앞에서 우리에게 필요한 것은 꾸준히 떨어지는 물방울처럼 의연하게 자신의 자리를 지키는 끈기다. 매일의 사소한 반복이 임계점을 넘어서는 순간, 우리가 마주했던 단단한 장벽은 마침내 길을 내어주며 새로운 세계를 드러낸다. 그렇게 물방울이 돌을 뚫듯, 꾸준함은 조용하지만 가장 확실한 방식으로 인간을 변화시킨다.

사랑 같은 우정은 **따뜻하고,**
우정 같은 사랑은 **꾸준하다.**

_토머스 무어

사랑 같은 우정은 차가운 세상 속에서 더없이 다정하고 따뜻한 위로가 된다. 우정의 경계를 넘어 상대의 아픔을 내 것처럼 껴안는 그 지극한 온기는, 단순한 친밀함을 넘어선 영혼의 결속을 만들어낸다. 그것은 타인이라는 타국에서 만난 가장 안락한 집과 같다.

반대로 우정 같은 사랑은 격정의 파도가 지나간 자리에 끈끈한 유대를 남긴다. 설렘은 시간이 지나면 필연적으로 옅어지지만, 그 자리를 채우는 우정의 속성은 사랑을 '꾸준하게' 만든다. 우정 같은 사랑은 서로를 소유하기보다 존중하며, 감정의 기복에 휘둘리지 않고 묵묵히 곁을 지키는 성실함을 지닌다. 불꽃처럼 화려하게 타오르기보다, 꺼지지 않는 숯불처럼 관계의 생명력을 지속시키는 힘은 바로 이 우정이 맺어준 단단한 매듭에서 나온다.

우정 속에 사랑의 다정함이 깃들 때 우리는 삶의 고독을 잊고, 사랑 속에 우정의 의리가 뿌리 내릴 때 우리는 관계의 영원함을 꿈꿀 수 있다. 사랑의 맥박과 우정의 숨결이 서로에게 긴밀히 스머드는 과정은 삶에서 가장 고귀한 형태의 연결을 완성하게 된다.

강은 이것을 알고 있다.
서두를 필요가 없단 것을.
언젠가 그곳에 도착한다는 것을.

_A. A. 밀른

강은 바다를 향해 서두르는 법이 없다. 물줄기는 구불구불한 곡선을 기꺼이 받아들이고, 바위를 만나면 돌아가며, 평야에서는 산책하듯 느릿하게 흐른다. 강이 이토록 의연한 이유는 자신의 종착지가 바다임을 의심하지 않기 때문이다. 지름길을 찾으려 발버둥 치는 대신, 강은 '흐름'이라는 본질에 집중하며 자신만의 속도를 지켜낸다.

반면 인간의 시간은 늘 조급함으로 요동친다. 남보다 먼저 도착하는 것에 매몰되어 정작 생의 풍경을 놓치고, 때가 오지 않았음에도 억지로 꽃을 피우려 애쓴다. 하지만 모든 위대한 변화에는 고유의 시간표가 있다. 씨앗이 흙을 뚫는 데 정해진 인내가 필요하듯, 우리 삶 또한 억지스러운 가속이 아닌 축적의 시간이 필요하다.

삶의 기술은 서두르지 않으면서도 멈추지 않는 유연함에 있다. 자신의 리듬을 유지하되, 언젠가 도착한다는 확신만큼은 단단히 움켜쥐는 것이다. 길을 돌아가는 모든 순간은 우리를 더 깊은 바다로 안내하기 위한 풍요로운 예행연습이다. 조급함이라는 노를 내려놓고, 생의 흐름에 몸을 맡겨야 한다. 그러면 우리는 가장 완벽한 순간에, 우리가 있어야 할 그곳에 반드시 서게 된다.

161

이 생에서 우리의 가장 중요한 목적은
다른 사람들을 돕는 것이다. 그리고 만약
도울 수 없다면, 최소한 해를 끼치지는 마라.
타인에 대한 관심이야말로
인간다움의 근간이다.

_달라이 라마

인간은 홀로 완성되는 존재가 아니다. 태어나서부터 죽을 때까지 우리는 타인의 온기에 빚진 채 살아간다. 그러므로 우리 생의 가장 깊은 목적은 그 빚을 갚듯 서로를 돕는 데 있다. 누군가의 고통을 나누고 짐을 함께 지는 것은 우리가 이 세상에 도착한 본질적인 이유를 증명하는 고결한 행위다.

그러나 매 순간 타인의 구원자가 될 수는 없다. 우리 역시 때로 고갈되고 상처 입어, 손 내밀 여력조차 없는 척박한 계절을 지난다. 그럴 때 우리가 지켜야 할 최소한의 윤리는 '무해함'이다. 타인을 일으켜 세울 힘이 없다면, 적어도 그가 넘어진 자리를 짓밟지는 않겠다는 사려 깊은 절제가 필요하다. 나의 편의를 위해 누군가를 희생시키지 않는 신중함만으로도 세상은 훨씬 덜 잔인해진다.

인간다움은 자기 삶의 경계를 넘어 타인을 향해 열리는 마음에서 드러난다. 돕는 것이 본성의 찬란한 회복이라면, 해를 끼치지 않는 것은 인간으로서 지켜내야 할 최후의 존엄이다. 다정함으로 손을 뻗고 무해함으로 자리를 지키는 사이, 우리의 생은 조금씩 더 완전해진다.

우리는 서로에게 소리를 지르는 것을
멈출 때까지, 즉 우리의 말과 목소리가
잘 들릴 수 있을 정도로 조용히
말할 때까지는 서로에게서 배울 수 없다.

_리처드 M. 닉슨

소통의 본질은 듣는 것에 있다. 그럼에도 우리는 종종 더 크게 말하면 상대가 받아들일 것이라 착각하며 목소리를 높인다. 안타깝게도 소리를 지를수록 우리는 서로에게서 멀어질 뿐이다. 고함은 귀를 막게 만들고, 감정은 이성을 가리며, 결국 아무도 배울 수 없는 공허한 대립만 남는다.

조용히 말한다는 것은 단순히 목소리를 낮추는 것에만 국한되지 않는다. 그것은 상대를 적이 아닌 배울 대상으로 보는 태도의 전환이며, 내가 틀릴 수도 있다는 겸손함을 받아들이는 마음가짐이다. 조용한 목소리는 상대에게 안전함을 주고, 그 안전함 속에서 진실한 교류가 일어난다. 우리가 강요하지 않을 때 상대도 저항하지 않으며, 부드러운 말은 오히려 더 강하게 마음에 새겨진다.

대화의 울림은 목소리의 크기가 아닌 경청의 깊이에서 나온다. 상대를 이기려는 욕망을 내려놓고 서로의 주파수가 맞닿는 고요함 속에서, 우리는 비로소 타인의 지혜를 온전히 받아들인다. 소리를 지르는 자는 자신의 메아리에 갇히지만, 차분하게 말하는 자는 경계를 허물며 더 넓은 이해로 나아간다. 이것이 올바른 소통의 본질이다.

표현의 자유를 억압하는 것은
이중으로 잘못된 일입니다.
말하는 사람의 권리뿐만 아니라
듣는 사람의 권리도 침해하는
것이기 때문입니다.

_프레더릭 더글러스

표현의 자유는 단지 말할 수 있는 권리만을 뜻하지 않는다. 그것은 생각이 세상으로 나올 수 있는 통로이자, 사회가 스스로를 성찰할 수 있게 하는 최소한의 조건이다. 한 사람의 입을 막는 순간 사라지는 것은 말 한마디가 아니라, 그 말이 던질 수 있었던 질문과 가능성이다.

자유를 제한할 때 우리는 흔히 말하는 사람만을 떠올린다. 그러나 침묵을 강요받는 것은 발언자만이 아니다. 들을 기회를 잃은 사람들 역시 판단할 권리를 박탈당한다. 무엇이 옳은지, 무엇이 위험한지 스스로 사고할 기회는 다양한 목소리 위에서만 형성되기 때문이다. 듣지 못하는 사회는 결국 생각하지 못하는 사회로 기울어진다.

표현의 자유는 공동체의 지적 생명선에 가깝다. 불편한 말이 존재할 수 있어야 진실도 가려낼 수 있고, 서로 다른 의견이 허용될 때 사회는 성숙한다. 말할 권리와 들을 권리를 온전히 지켜낼 수 있을 때, 우리는 자유로운 사회 안에서 스스로 판단하는 시민으로 머물 수 있게 된다.

흥미로운 것을 발견하면,
다른 모든 것을 내려놓고
그것을 파고들어라.

_B. F. 스키너

진정한 배움은 매혹에서 시작된다. 무언가가 우리의 호기심을 사로잡고 더 알고 싶다는 갈망을 일으킬 때, 그것은 무심히 지나쳐서는 안 될 신호다. 흥미는 우리 내면이 보내는 방향 지시등이며, 우리가 깊이 성장할 수 있는 지점을 가리키는 나침반이다. 그 순간 다른 모든 것을 잠시 내려놓고 몰입하는 일은 가장 정직하고 본질적인 투자다.

우리는 흔히 계획된 순서와 정해진 방식대로 움직여야 한다는 압박 속에서 살아간다. 하지만 진정한 발견은 뜻밖의 끌림을 따라갈 때 시작되는 경우가 많다. 매혹된 상태에서는 사고가 자연스럽게 깊어지고, 집중은 오래 지속되며, 배움은 기억 속에 단단히 남는다. 억지로 채운 백 시간보다, 열정을 품고 몰입한 열 시간이 삶을 더 멀리 움직인다.

무언가에 강하게 끌린다는 것은 그곳에 우리의 재능이 닿을 자리가 있다는 신호라는 사실을 잊지 말아야 한다. 다른 것들을 내려놓는다는 것은 자신의 본질에 귀 기울이겠다는 적극적 선택이다. 그렇게 흥미를 따라 끝까지 파고드는 사람만이 결국 표면 아래 숨어 있는 자신만의 깊이를 발견하게 된다.

누구도 자신이 틀렸다는 사실을 인정하는 것을 부끄러워해서는 안 된다. 이는 달리 말하면, 오늘의 자신이 어제의 자신보다 더 현명해졌다는 뜻이기 때문이다.

_알렉산더 포프

우리는 흔히 틀렸음을 고백하는 것을 자존심의 상처라 여기지만, 그것은 사실 '어제의 나보다 오늘 더 지혜로워졌음'을 공표하는 당당한 선언이다. 틀린 답을 움켜쥐고 고집을 부리는 침체보다, 기꺼이 오답을 버리고 진실을 채우는 유연함이 우리를 더욱 인간답게 만든다.

부끄러워해야 할 것은 새로운 빛이 비치는데도 여전히 낡은 어둠 속에 머물려 하는 고집이다. 그 고집을 물리치는 인정의 고통은 순간에 불과하지만, 그 대가로 얻는 통찰은 평생의 자산이 된다. 내가 틀렸다는 사실을 깨닫는 것은 내 지성이 살아 움직이며 끊임없이 진화하고 있다는 가장 확실한 증거이기도 하다.

성숙은 자신의 부족함을 끊임없이 갱신해가는 여정이다. "내가 틀렸다"라고 말하는 입술은 더 나은 진실을 향한 정직한 용기를 머금고 있다. 과거의 아집을 내려놓고 새로운 배움을 받아들이는 사이, 우리는 매일 조금씩 더 근사한 사람이 되어간다. 어제의 부족한 나를 기꺼이 인정할 수 있는 자만이, 내일의 더 현명한 자신을 마주할 자격을 얻는다.

친절한 말은 짧고 쉽게 할 수 있지만, 그 울림은 영원하다.

_마더 테레사

친절한 말은 찰나에 머물다 사라지는 잔향이 아니라, 타인의 영혼에 평생토록 머무는 깊은 잔상이다. 한마디 다정한 말을 내뱉는 데는 잠깐의 순간과 작은 숨결이면 충분하지만, 그 속에 담긴 온기는 상대의 차가운 생을 데우고 무너진 마음을 다시 세우는 결정적인 힘이 된다.

말의 위력은 길이나 화려함에 있지 않다. 투박하더라도 진심이 실린 짧은 고백은 시간이 흐를수록 더 선명하게 울리며 한 사람의 인생을 지탱하는 이정표가 되기도 한다. 우리가 건넨 무심한 다정함이 누군가에게는 칠흑 같은 어둠 속을 밝히는 마지막 등불이 될 수 있다는 사실은 말에 깃든 거룩한 힘을 보여준다.

친절한 말은 타인에게 주는 선물이자, 나 자신의 내면을 가꾸는 경건한 의식이다. 짧은 배려가 영원한 울림으로 남는 것은 그 속에 인간을 향한 깊은 사랑이 응축되어 있기 때문이다. 오늘 우리가 심은 다정한 말 한마디는 누군가의 황무지 같은 마음속에서 지지 않는 꽃으로 피어나, 그의 내일을 향기롭게 적실 것이다.

167

필요한 것부터 시작하고,
그러고 나서 가능한 것을 하라.
그러면 갑자기 당신은
불가능한 것을 하고 있을 것이다.

위대한 성취는 당장 필요한 일을 해치우는 성실함에서 시작된다. 막막한 목표에 압도되어 멈춰 서기보다, 눈앞의 작은 과제부터 하나씩 해결하는 과정이 기적으로 향하는 유일한 길이다. 지금 어둠 속에서 헤매고 있다면 발밑을 비출 촛불 하나를 먼저 켜는 일에만 집중해야 한다.

그렇게 필요한 일을 마치면 어느새 시야가 넓어져 가능한 일들이 보이기 시작한다. 작은 성취들을 묵묵히 쌓아 올리는 동안 한계는 소리 없이 확장되고 내면의 근육은 단단해진다. 필요한 것과 가능한 것의 벽돌을 차례로 쌓다 보면, 어느덧 상황은 전혀 다른 국면으로 접어들어 있다.

불가능이란 아직 과정을 거치지 않은 상태의 이름일 뿐이다. 매일의 작은 실천이 임계점을 넘는 순간, 우리는 이미 불가능이라 믿었던 영역 안에서 숨 쉬고 있음을 깨닫게 된다. 기적은 가장 낮은 곳에서 시작해 가장 높은 곳까지 쉼 없이 걸어온 발걸음이 만들어 낸 필연적인 결과다.

168 깨끗한 양심만큼
부드러운 베개는 없다.

_글렌 캠벨

밤은 진실의 시간이다. 모든 소음이 멈추고 혼자 남겨진 어둠 속에서, 우리는 낮 동안 외면했던 것들과 마주한다. 아무리 포근한 침대에 누워도 양심의 가책이 있다면 잠은 오지 않는다. 후회와 죄책감은 가장 편안한 베개조차 돌덩이로 만들어버린다. 반대로 비록 딱딱한 바닥에 누워도 마음이 평온하다면 깊은 잠에 빠질 수 있다. 진정한 편안함은 내면의 평화에서 온다.

깨끗한 양심은 완벽함을 뜻하지 않는다. 그것은 자신이 옳다고 믿는 대로 살았고, 잘못했다면 바로잡으려 노력했으며, 누군가에게 해를 끼쳤다면 진심으로 사과했다는 확신이다. 우리는 살아가며 수많은 선택을 하고, 때로는 실수도 한다. 하지만 중요한 것은 그 선택에 거짓이 없었고, 그 실수를 외면하지 않았다는 사실이다. 깨끗한 양심은 완벽한 삶이 아닌 올바른 삶의 결과다.

그러므로 우리가 궁극적으로 추구해야 할 것은 외적 성공보다 내적 평화다. 세상의 인정을 받고 물질적 풍요를 누려도, 양심에 빚이 있다면 진정한 안식은 없다. 반대로 비록 가진 것이 적어도 떳떳하게 살았다면 그 마음의 평온함은 그 무엇과도 바꿀 수 없다. 깨끗한 양심은 우리가 스스로에게 줄 수 있는 가장 큰 선물이며, 그것이야말로 어떤 사치품보다 값진 것이다.

**세상을 오직 이성으로만
이해할 수 있다고 여겨서는 안 된다.
이성적 판단은 진리의 한 부분일 뿐이다.**

_카를 융

우리는 명쾌한 논리와 객관적 수치만이 세상을 설명하는 유일한 정답이라 믿곤 한다. 하지만 세상을 오직 이성으로만 이해하려는 시도는 거대한 바다를 작은 컵에 담으려는 것과 같다. 이성은 길을 잃지 않게 돕는 훌륭한 나침반이지만, 그 나침반 너머에는 논리로 설명할 수 없는 수많은 신비와 무의식의 심연이 존재한다.

이성적 판단은 진리라는 거대한 퍼즐의 한 조각일 뿐이다. 삶의 결정적인 순간들을 떠올려 보라. 누군가를 사랑하게 되는 이유나 불현듯 찾아오는 영감은 결코 이성의 계산기에서 나오지 않는다. 그것은 논리의 문법을 초월한 마음의 울림이자, 내면에 각인된 본능적 지혜의 산물이다. 이성의 틀 안에서 정제된 진리가 우리에게 명확한 질서를 준다면, 그 틀 너머의 진리는 우리를 전율케 하는 생명력을 지닌다.

본질적 이해는 이성과 직관, 논리와 감성이 조화를 이룰 때 가능하다. 이성은 세상을 분석하는 데 탁월하지만, 직관은 논리가 닿지 못하는 곳에서 통찰을 가져다준다. 진정으로 지혜로운 사람은 이성을 존중하되 그것에 갇히지 않으며, 머리로 생각하는 동시에 가슴으로 느끼며 삶의 온전한 진리에 도달한다.

거짓말쟁이는 거짓을 진실처럼
보이게 하는 것으로 시작하여,
결국 진실 자체를 거짓처럼 보이게
만드는 것으로 끝을 맺는다.

_윌리엄 셴스톤

거짓은 처음부터 노골적으로 등장하지 않는다. 그것은 늘 사실의 얼굴을 흉내 내며 조심스럽게 스며든다. 진실과 아주 닮은 형태로 다가오기 때문에 사람들은 쉽게 경계를 풀고, 의심은 점점 사라진다.

문제는 그다음이다. 거짓이 반복되면 기준이 흔들린다. 무엇이 사실이고 무엇이 왜곡인지 가려내던 감각이 무뎌지면서 진실조차 의심의 대상이 된다. 그 순간부터 세상은 '참과 거짓'의 구분이 아니라, '내 편의 이야기'와 '남의 편 이야기'로 나뉜다.

거짓이 초래하는 가장 큰 파괴는 신뢰의 붕괴다. 진실이 힘을 잃은 사회에서는 옳고 그름보다 유리함과 진영이 판단의 기준이 된다. 이때 거짓은 단순한 왜곡을 넘어 공동체를 분열시키는 구조로 변한다.

우리가 맞서야 할 대상은 개별적인 거짓 하나하나가 아닌, 진실의 자리를 지워버리는 무감각이다. 진실을 말하고, 믿고, 지키려는 그 끈질긴 태도만이 무너진 신뢰를 재건하고, 다시 우리를 진실의 토대 위에 세울 수 있다.

친절은 귀가 먹은 사람이 들을 수 있고, 눈이 먼 사람이 볼 수 있는 언어이다.

_마크 트웨인

친절은 번역이 필요 없는 언어다. 말이 통하지 않아도, 문화가 달라도, 심지어 감각이 닫혀 있어도 친절은 전달된다. 귀가 들리지 않는 사람도 누군가의 따뜻한 손길을 느낄 수 있고, 눈이 보이지 않는 사람도 진심 어린 배려를 감지할 수 있다. 친절은 소리나 이미지를 넘어서 존재 자체로 전해지는 메시지이기 때문이다. 친절은 우리가 가진 가장 원초적이면서도 가장 강력한 소통의 방식이다.

세상은 온갖 장벽으로 가득하다. 언어와 문화, 편견과 한계가 사람들 사이를 가로막는다. 하지만 친절은 그 모든 장벽을 뛰어넘는다. 말없이 자리를 양보하는 행동, 무심히 건네는 미소, 힘든 이에게 내미는 손에는 설명이 필요 없다. 친절은 마음에서 마음으로 직접 전해진다.

우리가 서로를 가장 깊이 이해하는 순간은 진심이 행동으로 드러났을 때다. 친절은 누군가를 설득하지 않고, 과시하지 않으며, 그저 상대의 존재를 인정하고 배려한다. 그래서 친절은 누구나 사용할 수 있는 가장 보편적인 언어이자, 우리가 같은 세상을 살아가고 있음을 조용히 증명하는 인간적인 방식이다.

172

당신이 얼마나 그들을 아끼는지 보여주고
위협적이지 않은 방식으로 질문한다면,
그들이 당신에게 얼마나 많은 것을
말해주는지에 놀라게 될 것이다.

_존 C. 맥스웰

사람들은 자신이 존중받고 있다고 느낄 때 마음을 연다. 우리는 종종 정보를 얻으려 다그치고, 답을 얻으려 몰아붙이지만, 그럴수록 사람들은 방어벽을 높인다. 반대로 진심 어린 관심을 보이고, 판단하지 않겠다는 신호를 보내며, 부드럽게 질문할 때 사람들은 놀라울 만큼 솔직해진다. 마음을 여는 열쇠는 안전함이며, 그 안전함은 상대를 진정으로 아낀다는 신뢰에서 싹튼다.

위협적이지 않은 질문은 상대를 시험하지 않는다. 그것은 정답을 요구하지 않고, 비난을 전제하지 않으며, 그저 상대의 이야기를 듣고 싶다는 순수한 호기심에서 나온다. "왜 그랬어?"가 아니라 "무슨 일이 있었어?", "네가 틀렸어"가 아니라 "네 생각은 어때?", 이런 작은 차이가 대화의 방향을 완전히 바꾼다.

진정한 소통은 관계를 쌓는 예술이다. 사람들은 당신이 알고 싶어 하는 것보다 훨씬 더 많은 것을 알려줄 준비가 되어 있다. 다만 그들에게 필요한 것은 자신의 고백이 훼손되지 않을 안전한 공간이다. 당신이 진심으로 그들을 아끼고 있음을 보여주고, 그들의 말을 존중하며 들을 준비가 되어 있다면, 사람들은 당신이 상상했던 것보다 훨씬 더 깊은 이야기를 나눌 것이다.

똑똑한 사람은
올바른 것에 집중한다.

_젠슨 황

세상에는 할 수 있는 일이 무한하지만, 해야 하는 일은 제한적이다. 똑똑한 사람과 그렇지 않은 사람의 차이는 집중의 방향에 있다. 똑똑한 사람은 수많은 선택지 앞에서 더 많은 것을 하려 애쓰기보다, 먼저 중요하지 않은 것을 과감히 가려낸다. 그리고 남은 것들 중에서도 가장 중대한 목표 하나에 온 힘을 쏟는다. 선택의 기준이 분명하기에 그들의 에너지는 흩어지지 않는다.

올바른 것에 대한 집중은 자신이 왜 존재하는지, 무엇을 이루고자 하는지에 대한 명확한 이해에서 비롯된다. 목적이 분명한 사람은 선택 앞에서 오래 흔들리지 않는다. 많은 사람들이 긴급한 것에 쫓기며 하루를 소모하지만, 똑똑한 사람은 중요함을 기준으로 움직인다. 그들은 당장의 작은 성과보다 장기적으로 의미 있는 목표를 택하고, 주변의 소음이나 타인의 속도에 쉽게 휘둘리지 않는다.

그래서 똑똑한 사람의 하루는 늘 단순하다. 그들은 바쁨으로 자신을 증명하려 하지 않고, 의미로 하루를 채운다. 방법은 명료하고, 방향은 분명하다. 집중이 분산되지 않기에 노력은 낭비되지 않고, 시간은 서서히 성과로 변한다. 차곡차곡 쌓인 하루는 우연이 아닌 필연의 결과가 된다. 그렇게 집중은 가장 강력한 힘이 되고, 방향은 모든 성과를 결정하는 기준이 된다.

우리는 끔찍한 일이 일어나기 전까지는
건강을 당연하게 여긴다.

_롭슨 그린

우리는 건강의 존재를 '당연함'이라 부르고, 그 부재를 '인생의 전부'라 읽는다. 몸이 소임을 다하는 동안 우리는 육체의 존재를 망각한다. 호흡과 발걸음, 깊은 잠이 아무런 노력 없이 이루어지기에 건강은 당연한 배경처럼 취급된다. 그러나 이 조용한 무관심은 건강이 가진 가장 위험한 함정이다. 당연하다는 인식 속에서 몸은 서서히 소진되지만, 삶이 무너질 수 있다는 신호는 좀처럼 주목받지 못한다.

평범했던 일상은 몸과 마음을 쿡쿡 찌르는 신호 하나에 힘없이 흔들리기 시작한다. 낯선 통증과 불안은 그동안 무심히 착취해 온 몸의 소중함을 뒤늦게, 그리고 가혹하게 일깨운다. 건강은 보이지 않는 곳에서 매일 조용히 분투하며 유지되는 정교한 균형이라는 사실을 폐허 위에서야 깨닫고, 그제야 우리는 몸이 결코 자동으로 작동하는 기계가 아니었음을 인정하게 된다.

건강은 존중의 문제다. 몸을 당연하게 대하지 않는 태도, 훗날 눈물겹게 그리워할 '오늘의 평온'을 지금 이 순간을 의식적으로 소유하려는 노력이 필요하다. 이렇듯 건강을 잃은 뒤 삶을 되찾으려 애쓰기보다, 아직 온전할 때 그 자리를 지켜내는 선택이야말로 우리가 완수해야 할 가장 성숙한 자기 책임이다.

침묵은 대화의
가장 위대한
기술 중 하나이다.

_마르쿠스 툴리우스 키케로

침묵은 의미가 가장 짙게 머무는 시간이다. 우리는 흔히 유창함을 대화의 실력이라 착각하지만, 진정한 언변의 달인은 언제 입을 닫아야 할지를 본능적으로 알고 있다. 적절한 침묵은 상대에게 사유의 공간을 제공하며, 흩어진 감정을 수습할 시간을 선물한다. 반대로 끊임없이 말을 채우는 사람은 대화를 독점할 뿐, 진정한 교류를 만들어내지 못한다.

침묵은 경청의 가장 순수한 형태다. 상대의 말이 채 끝나기도 전에 대답을 설계하지 않는 것, 내 주장을 밀어넣기보다 그의 생각이 온전히 무르익기를 기다려주는 것이야말로 침묵이 가진 품격이다. 말하지 않는 순간에도 마음은 여전히 깨어 있으며, 이해를 향한 집중은 더욱 깊어진다. 대다수가 자기 차례를 기다리는 '대기자'로 머물 때, 침묵하는 자는 말 뒤에 숨은 떨림과 언어로 다 담지 못한 진심까지 읽어낸다.

대화의 격은 정적의 깊이로 결정된다. 자신을 증명하려는 욕망을 누르고 상대에게 무대를 내어주는 일은 결연한 절제와 성숙을 요구한다. 침묵은 소통을 위한 넓은 광장이며, 그 정적을 견뎌내는 무게감이 곧 대화의 품격을 증명한다.

모든 관점에서
아름다운 것은 없다.

_호라티우스

완벽한 아름다움은 존재하지 않는다. 어떤 것도 모든 사람의 눈에, 모든 각도에서, 모든 순간에 아름다울 수는 없다. 한 사람에게 걸작인 것이 다른 이에게는 평범할 수 있고, 한 시대의 이상이 다른 시대에는 낡은 것이 될 수 있다. 아름다움은 바라보는 시선과 맺는 관계 속에서 탄생한다.

이 사실은 우리에게 겸손을 가르친다. 내가 아름답다고 여기는 것을 타인이 알아보지 못한다고 해서 그들이 틀린 것이 아니며, 내가 가치 없다고 여기는 것을 누군가 소중히 여긴다고 해서 그들이 어리석은 것도 아니다. 아름다움에 대한 판단은 시각의 차이다. 우리가 서 있는 위치, 살아온 경험에 따라 세상은 다르게 보인다.

우리에게 필요한 것은 다양성을 받아들이는 지혜다. 내가 보지 못하는 아름다움을 누군가는 발견한다. 이 사실을 모른 채 하나의 잣대로 세상을 재단할수록 우리가 만날 수 있는 세계는 좁아질 수밖에 없다. 모든 관점에서 아름다운 것은 없지만, 그렇기에 세상은 더 다채롭고, 우리는 서로의 시선을 통해 더 넓은 아름다움을 경험할 수 있는 것이다.

177 당신을 대신해 연습할 사람을 고용할 수는 없다.

_H. 잭슨 브라운 주니어

세상은 많은 것을 돈으로 해결할 수 있다고 유혹하지만, 끝내 타인에게 외주를 줄 수 없는 영역이 있다. 바로 '연습'이다. 우리를 대신해 결과물을 만들어낼 대리인을 고용할 수는 있어도, 그 과정에서 축적되는 숙련도와 내면의 근력까지 대신 쌓아줄 사람은 없다. 성장은 본인의 시간을 오롯이 쏟아부어 직접 통과한 이들에게만 허락되는 정직하고도 배타적인 보상이기 때문이다.

연습은 무수한 시행착오를 통해 자신의 한계를 직시하고 넓혀가는 치열한 자기 대면의 과정이다. 이 과정을 통해 우리는 기법을 넘어선 직관을 얻고, 지식을 넘어선 체득을 이루며, 결과를 넘어선 내공을 쌓는다. 이처럼 연습은 삶을 지탱하는 가장 본질적인 뿌리가 되어 우리를 흔들림 없이 세운다.

인생의 내공은 우리의 손으로 직접 일궈낸 시간의 밀도에서 완성된다. 편리함의 시대에 연습이라는 정공법을 택하는 것은 자신을 기만하지 않겠다는 결연한 의지다. 연습은 느리지만 정직하고, 고독하지만 확실하다. 우리를 대신해 그 시간을 통과해 줄 사람은 어디에도 없다.

보살핌은 응급실에서
시작되어서는 안 된다.

_제임스 더글러스

우리는 흔히 문제가 터진 뒤에야 보살핌을 떠올린다. 몸이 아프고, 관계가 흔들리고, 일상이 감당하기 어려울 만큼 무너진 다음에야 관리와 돌봄의 중요성을 말한다. 그러나 그때의 보살핌은 삶을 지키는 행위라기보다, 이미 벌어진 상처를 수습하는 마지막 조치에 가깝다.

진짜 보살핌은 평범한 하루의 한가운데에서 시작된다. 아직 아프지 않을 때 자신의 몸을 살피고, 무너지지 않았을 때 마음의 균열을 들여다보는 태도다. 작은 피로를 가볍게 넘기지 않고, 사소한 이상 신호에 귀 기울이는 일은 대단해 보이지 않지만 가장 성실하고 근본적인 돌봄이다. 이처럼 보살핌은 특별한 순간의 결단보다 일상을 대하는 자세에서 완성된다.

보살핌은 식탁에서, 잠자리에서, 하루의 리듬 속에서 꾸준하게 이루어져야 한다. 보살핌은 거창한 처방이 아니라, 매일 반복되는 선택의 총합이다. 바쁘다는 이유로 미뤄온 휴식, 괜찮다는 말로 덮어둔 신호들을 정직하게 직시하는 것으로부터 진정한 보살핌이 가능해진다. 보살핌은 닥쳐온 위기를 이겨내는 기술이기보다, 소중한 것들이 위기에 처하지 않도록 살피는 명민한 지혜의 숨결이다.

어떻게든, 우리 마음에 있는 것은
좋든 나쁘든 결국 말과 행동으로
나타나게 된다.

_앤디 스탠리

마음은 숨길 수 없다. 우리가 아무리 감추려 해도 내면에 품고 있는 것은 결국 말과 행동 사이로 스며든다. 말투의 미묘한 결, 표정의 순간적인 흔들림, 무심코 드러나는 태도 속에서 우리의 진짜 마음은 모습을 드러낸다. 친절한 말을 건네도 경멸은 눈빛에 남고, 관심을 가장해도 진심의 부재는 말의 온도로 느껴진다. 마음은 표현보다 먼저 존재하며, 그래서 언제나 표현을 앞서간다.

그럼에도 우리는 종종 겉모습을 다듬는 데 힘을 쏟는다. 하지만 마음이 준비되지 않은 행동은 오래 지속되지 않는다. 의무로 만든 친절은 쉽게 지치고, 계산된 태도는 반복될수록 어색해진다. 겉을 다듬는 노력은 순간의 인상을 바꿀 수는 있어도, 사람의 본질까지 바꾸지는 못한다.

삶을 바꾸고 싶다면 말과 행동을 고치기보다 먼저 마음을 살펴야 한다. 마음은 모든 선택의 출발점이며, 태도의 방향을 정하는 근원이다. 그 근원이 흐려지면 아무리 바른 행동도 오래 버티지 못하지만, 마음이 곧으면 삶은 굳이 애쓰지 않아도 자연스럽게 올바른 쪽으로 흘러간다. 우리가 다듬어야 할 것은 겉으로 드러나는 모습이 아니라, 그 모든 행동을 낳는 마음의 상태다.

능력 이상으로 약속하지 말고, 약속 이상으로 실행하라.

_루 홀츠

사람은 말로 신뢰를 얻는 것처럼 보이지만, 실제로 신뢰를 만들어내는 것은 행동이다. 순간의 열정에서 나온 큰 약속은 기대를 키우지만, 지켜지지 않는 말은 그 기대만큼의 실망을 남긴다. 그래서 약속의 크기는 의지보다 책임의 범위로 결정되어야 한다.

자신이 감당할 수 있는 선을 아는 사람은 쉽게 말하지 않는다. 이는 말에 실린 무게를 감당하려는 신중함이며, 관계의 생명력을 오래도록 보존하려는 책임감이다. 감당할 수 없는 약속을 거절하는 태도는 자신을 지키는 겸손인 동시에, 상대를 향한 가장 정직한 예의다.

반면에 실행은 언제나 약속보다 조금 더 나아가야 한다. 기대한 선을 지키는 것에서 멈추지 않고, 조용히 그 이상을 해내는 사람이 신뢰를 얻는다. 그렇게 반복된 행동은 말보다 오래 남아 그 사람의 평판이 되고, 조용히 지켜진 약속들이 시간 속에서 굳어지며 신뢰로 완성된다. 능력 이하로 약속하고 기대 이상으로 실행하는 것. 이것이 신뢰의 본질이다.

한 세기의 철학은
다음 세기의 상식이 된다.

_헨리 워드 비처

철학은 미래를 선점하는 자들의 예언이다. 한 시대의 선구자들이 고독하게 일궈낸 철학은 다음 세대에 이르러 공기처럼 당연한 '상식'으로 안착한다. 지금은 낯선 사유일지라도 진리를 관통하고 있다면 결국 시대의 표준이 된다. 철학자는 보이지 않는 길을 먼저 내는 자이며, 상식은 그 길을 뒤따라가는 대중의 발걸음이다.

자유나 평등처럼 우리가 당연하게 누리는 가치들도 한때는 목숨을 걸고 사수했던 위험한 철학이었다. 선구자들이 삶으로 증명해 냈기에 다음 세대는 그 투쟁의 산물을 상식으로 누리는 것이다. 이런 역사적 흐름을 이해한다면, 자신의 철학이 세상과 부딪친다는 사실은 좌절의 이유가 될 수 없고, 오히려 시대를 앞서간다는 증거가 될 수 있다.

오늘의 상식은 어제의 철학이고, 내일의 상식은 오늘의 철학이다. 우리가 지금 이상하다고 여기는 생각들 중 일부는 다음 세대의 당연함이 될 것이며, 우리가 당연하게 여기는 것들도 과거에는 급진적 사상이었다. 이것을 이해하면 우리는 새로운 생각 앞에서 더 겸손해지고, 변화를 두려워하기보다 그 흐름 속에서 다음 세대의 상식을 발견하게 된다. 그렇게 철학과 상식 사이의 시차는 시대 전환의 속도를 드러내며, 그 전환을 앞당기는 것이 한 세대의 과제인 것이다.

교육의 목표는 사실을 가르치는 것이 아니라, 정신에 영감을 불어넣는 것이다.

_윌리엄 버틀러 예이츠

교육은 머릿속에 사실의 목록을 채워 넣는 적재 작업이 아니다. 흔히 지식을 채우는 행위를 배움이라 착각하지만, 진정한 교육은 어떻게 사유하고 무엇에 호기심을 느끼며 어떤 질문을 던져야 하는지를 일깨우는 일이다. 사실은 도처에 널려 있으나, 영감은 오직 깨어 있는 정신과의 만남 속에서만 전해진다. 교육의 본질은 지식의 축적이 아닌 정신의 각성이다.

영감을 받은 정신은 스스로 도약한다. 강요 없이도 탐구하고 가르치지 않아도 발견한다. 반면 주입된 정신은 시험이 끝나면 망각하고, 강제가 사라지면 스스로 움직일 이유를 잃는다. 그렇기 때문에 위대한 교육자는 배우고 싶은 열망을 지피는 사람이다. 단 한 번의 영감은 평생의 배움을 견인하지만, 파편화된 사실들은 시험장을 벗어나면 빠르게 휘발된다.

교육의 성공은 주입된 지식의 양보다 정신에 붙인 불꽃의 크기로 측정되어야 한다. 졸업 후에도 스스로 질문하고 호기심을 잃지 않는 사람을 만들어내는 것이 참된 교육의 완성이다. 사실은 도구일 뿐이나 영감은 삶을 바꾸는 동력이기 때문이다. 그러므로 교육은 탐구의 불씨를 지피는 것이며, 그 불씨가 평생 타오르게 만드는 것이야말로 교육의 진짜 사명이다.

VIII

The most beautiful people we have known are those
who have known defeat, known suffering, known
struggle, known loss, and have found their way out of
those depths.

_Elisabeth Kubler-Ross

우리가 알고 있는 가장 아름다운 사람들은 패배를 알고,
고통을 알고, 투쟁을 알고, 상실을 알며,
그런 깊은 심연에서 벗어날 길을 찾아낸 사람들이다.

_엘리자베트 퀴블러로스

A man's college and university degrees mean nothing to

me until I see what he is able to do with them.

_Henry Ford

한 사람의 대학 학위는 그가 그 학위로

무엇을 할 수 있는지를 보기 전에는 아무 의미가 없다.

_헨리 포드

대부분의 사람들은 실제로 자유를
원하지 않는다. 왜냐하면 자유는
책임을 수반하며, 대부분의 사람들은
책임을 두려워하기 때문이다.

_지그문트 프로이트

자유는 선택의 폭을 넓혀주지만, 동시에 그 선택의 결과를 온전히 감당하라는 요구이기도 하다. 누군가의 지시에 따를 때는 실패의 이유를 환경이나 타인에게 돌릴 수 있지만, 스스로 결정한 삶에서는 변명의 자리가 사라진다. 자유는 우리에게 권리를 주는 동시에, 그 권리를 어떻게 사용했는지에 대한 책임을 묻는다. 그래서 많은 사람들은 자유를 말로는 찬양하면서도, 실제 삶에서는 은근히 통제 속의 안정을 택한다.

이 모순은 책임의 무게에서 비롯된다. 규칙은 판단을 대신해주고, 지시는 고민을 면제해주며, 기존의 틀은 선택의 부담을 덜어준다. 자율 속에서는 실패가 오롯이 내 탓이 되지만, 타인의 결정을 따를 때는 실패의 책임을 나눌 수 있다. 그래서 사람들은 무의식적으로 자기결정보다 안전한 순응을 선호하게 된다. 그렇게 자유를 포기하는 대신 책임의 무게를 내려놓는 것이다.

진정한 자유는 누구에게나 주어지지만, 누구나 감당할 수 있는 것은 아니다. 하고 싶은 대로 사는 삶이 자유가 아니라, 어떤 결과가 오더라도 그것을 자신의 몫으로 받아들이겠다는 태도가 자유를 완성한다. 자유란 각오이며, 자신의 삶 앞에서 더 이상 숨지 않겠다는 가장 단단한 선언이다.

아무것도 모방하고 싶어하지 않는
사람들은 아무것도 만들어내지 못한다.

_살바도르 달리

순수한 독창성에 집착하는 이들은 모방을 수치스러운 복제로 치부한다. 그러나 그들이 '나만의 것'을 찾아 고립되는 동안, 위대한 창조자들은 앞선 이들의 철학을 지독하게 뒤쫓으며 기초를 다진다. 모방은 선구자의 시각을 체득하는 가장 치열한 학습이다. 아무것도 배우지 않고 스스로 시작하려는 오만은 창의성이 아닌, 결국 아무것도 내놓지 못하는 불모의 상태로 이어진다.

모방은 출발선이다. 모방이라는 정교한 밑그림이 있어야 그 위에 나만의 색깔을 덧입힐 수 있다. 진정한 창조는 '완벽한 모방'에 실패하는 지점에서 탄생한다. 거장의 방식을 재현하려 애쓰다 발견하게 되는 자신만의 고유한 한계와 오차, 그 의도치 않은 '틈'이 독창성이 싹트는 지점이다.

그러므로 창조의 문턱에서 독창성이라는 강박을 버려야 한다. 경외하는 거장을 철저히 모방하고 그들의 기술과 기법을 영혼으로 소화해야 한다. 그렇게 지루하고 정교한 추종을 끈질기게 하다 보면, 어느 순간 자신만의 목소리가 터져 나온다. 그러니 위대한 것들을 부지런히 훔쳐 당신의 언어와 생각으로 재창조하라. 그것이 유일무이한 세계를 건설하는 가장 정직한 시작이다.

모든 시련에는 축복이 따라온다.
충격은 일상에 무뎌져서는 안 된다는 것을
스스로에게 상기시켜 주기 때문이다.

_이소룡

삶이 편안하고 평탄할 때 우리는 쉽게 무뎌진다. 같은 일상을 반복하고, 익숙함에 안주하며, 성장을 멈춘 채 그저 살아간다. 하지만 시련이 찾아오면 그 평온함이 깨진다. 고통은 우리를 강제로 깨어나게 만들고, 더 이상 현재 상태로는 버틸 수 없음을 깨닫게 한다. 그래서 모든 시련에는 축복이 숨어 있다.

일상에 무뎌진다는 것은 삶에 대한 감각을 잃는다는 뜻이다. 감사를 잊고, 노력을 게을리하며, 변화의 필요성을 느끼지 못한다. 편안함은 달콤하지만 위험하다. 그것은 우리를 나약하게 만들고, 현재에 안주하게 만든다. 하지만 충격이 오면 우리는 다시 예민해진다. 무엇이 중요한지 다시 보게 되고, 변화하지 않으면 안 된다는 절박함을 느낀다.

시련의 진짜 선물은 고통 그 자체가 아니라 그것이 우리에게 가져다주는 각성이다. 우리는 평온 속에서는 배우지 못하는 것들을 고난 속에서 배우고, 편안함 속에서는 의식조차 못 했던 힘을 역경 속에서 발견한다. 일상에 무뎌지지 않고 살아있는 삶을 살고 싶다면, 시련을 저주가 아닌 축복으로 받아들여야 한다. 충격은 고통스럽지만, 그 고통 속에서 우리는 다시 깨어나고 다시 성장하는 것이다.

진실은 기름이 물 위로 떠오르듯,
거짓 위로 떠오를 것이다.

_미겔 데 세르반테스

진실은 숨길 수 없다. 아무리 거짓으로 덮으려 해도, 진실은 시간이 흐르면 제 모습을 드러낸다. 기름이 물 아래로 눌러도 끝내 수면 위로 떠오르듯, 진실 또한 그 성질상 오래 숨겨질 수 없다. 거짓은 잠시 시야를 가릴 수는 있어도, 진실을 완전히 잠재우지는 못한다. 은폐가 치밀할수록, 드러나는 순간은 더욱 분명해진다.

거짓은 노력을 필요로 하지만 진실은 그저 존재한다. 거짓을 유지하려면 또 다른 거짓이 필요하고, 그 위에 다시 계산과 통제가 쌓여야 한다. 반면 진실은 아무런 노력 없이도 스스로를 드러낸다. 거짓은 에너지를 소모하며 버티지만, 진실은 그냥 기다리기만 하면 된다. 이 차이가 결국 둘의 운명을 갈라놓는다.

그래서 진실의 편에 선다는 것은 가장 오래 살아남을 방향을 선택하는 일이다. 단기적으로는 거짓이 더 빠르고 강해 보일 수 있지만, 시간의 흐름 속에서는 언제나 진실이 우위를 갖는다. 진실은 서두르지 않지만 물러서지도 않는다. 모든 것은 제자리를 향해 움직이고, 그 끝에서 다시 떠오르는 것은 언제나 진실이다.

불멸을 얻으려면 살아 있는 동안
여러 번 죽어야 하는 값비싼
대가를 치러야 한다.

_프리드리히 니체

진정으로 위대한 것을 남기려면, 살아 있는 동안 수없이 죽어야 한다. 여기서 죽음이란 자아의 죽음이다. 익숙한 자신을 버리고, 안전한 삶을 포기하며, 편안한 정체성을 깨뜨리는 것이다. 매번 새로운 단계로 나아가려면 이전의 나를 죽여야 하고, 더 큰 존재가 되려면 작은 나를 포기해야 한다. 불멸은 수많은 작은 죽음의 축적으로 완성된다.

죽음 없이는 재탄생도 없다. 낡은 것이 무너져야 새로운 것이 들어설 자리가 생긴다. 하지만 대부분의 사람들은 이 죽음을 두려워한다. 익숙한 것을 놓지 못하고, 안전한 것에 매달리며, 변화를 거부한다. 그래서 평생 같은 자리에 머문다. 반면 위대한 사람들은 수없이 자신을 죽인다. 실패 속에서 오만을 죽이고, 비판 속에서 환상을 죽이며, 도전 속에서 나약함을 죽인다.

살아 있다는 것은 스스로를 끊임없이 갱신하는 일이다. 변화 앞에서 자신을 보존하려는 욕망보다, 더 나은 존재가 되려는 결단을 선택할 때 삶은 깊이를 얻는다. 그렇게 수없이 무너지고 다시 세워진 사람만이 흔들리지 않는 근간을 갖게 되며, 그 축적된 변화가 한 인간을 역사 속에 불멸로 남긴다.

믿음을 키워주면
의심은 굶어 죽을 것이다.

_데비 매컴버

의심은 스스로 힘을 갖지 않는다. 그것은 믿음이 자라지 못한 자리에서 생존한다. 확신이 부족할수록 의심은 목소리를 키우고, 방향이 흐릿할수록 불안은 자리를 넓힌다. 마음에 기준이 없을 때 생각은 쉽게 흔들리고, 그 흔들림 속에서 의심은 마치 진실인 것처럼 자신을 주장한다. 그래서 의심과 싸우는 일은 대개 소모적이다. 의심을 없애려 할수록 오히려 그것을 더 의식하게 되고, 마음은 점점 지쳐간다.

반대로 믿음은 키울수록 내면의 구조를 바꾼다. 작은 신뢰, 반복된 실천, 한 번의 성공적 경험이 쌓이면서 마음의 중심이 형성된다. 그 중심은 단번에 만들어지지 않지만, 매일의 선택 속에서 서서히 단단해진다. 이처럼 내면의 밀도가 높아질수록, 공허한 틈을 타 기생하던 의심은 자연스레 설 자리를 잃고 밀려난다. 의심이 사라져서 믿음이 생기는 것이 아니라, 믿음이 커진 만큼 의심이 들어설 공간이 사라지는 것이다.

중요한 것은 믿음을 쌓아가는 태도다. 오늘 할 수 있는 한 가지를 해내고, 자신과의 약속을 지키며, 작은 진전을 인정하는 일들이 믿음을 살찌운다. 그렇게 차곡차곡 자란 믿음은 마음의 중심을 단단히 채우고, 의심은 원천적으로 발붙일 자리를 잃는다. 결국 굶주리는 것은 의심이고, 살아남는 것은 믿음이다.

정원과 도서관이 있다면,
필요한 모든 것을 가진 것이다.

_마르쿠스 툴리우스 키케로

정원은 몸을 살리는 공간이고, 도서관은 정신을 살리는 공간이다. 정원에서 우리는 흙을 만지고 햇빛을 받으며 생명이 자라나는 것을 목격한다. 정원은 우리를 자연의 리듬에 연결시키고, 조급함을 가라앉히며, 삶의 기본으로 돌아가게 만든다. 한편, 도서관에서 우리는 시간과 공간을 넘어 인류의 지혜와 만난다. 과거의 현자들과 대화하고, 다른 삶을 경험하며, 생각의 지평을 넓힌다.

이렇듯 성격이 다른 두 공간은 서로 다른 결을 이루며 하나의 삶을 완성한다. 정원은 우리에게 인내를 가르친다. 씨앗은 하루아침에 자라지 않고, 꽃은 제 때가 되어야 핀다. 우리는 자연의 속도를 존중하며 기다림의 가치를 배운다. 반면, 도서관은 우리에게 가능성을 가르친다. 책 속에서 우리는 다른 세계를 보고, 다른 방식으로 살 수 있음을 깨달으며 상상력을 키운다. 정원이 현재에 집중하게 한다면, 도서관은 과거와 미래를 연결한다.

정원과 도서관이 함께 있는 삶은 과하지도 부족하지도 않다. 몸은 자연 속에서 균형을 되찾고, 정신은 사유 속에서 방향을 얻는다. 하나는 삶을 지탱하고, 다른 하나는 삶을 확장한다. 이 두 공간이 있을 때 인간은 생존을 넘어 사는 법을 배우게 된다. 그렇게 많은 것을 소유하지 않아도, 정원과 도서관이 있다면 우리는 이미 삶에 필요한 거의 모든 것을 갖춘 것이다.

자신의 생각을 얼음 위에 올려놓는 방법을 이해하지 못하는 사람은 토론의 열기에 뛰어들지 말아야 한다.

_프리드리히 니체

토론은 절제에서 시작된다. 강하게 믿는 생각일수록 감정이 앞서기 쉽고, 그 순간 논의는 탐색이 아닌 방어가 된다. 진정한 토론을 위한 전제는 명확하다. '내 생각이 곧 나 자신은 아니라는 인식'이다. 자신의 생각과 자신을 동일시하는 자에게 비판은 인격 모독이 되고, 토론은 진리를 찾는 대화가 아닌 자존심을 건 전쟁으로 변질된다.

자신의 생각을 '얼음 위에 올려놓는다'는 것은 주관적 확신과 객관적 사실 사이에 거리를 두는 일이다. 한 걸음 물러나 논리의 균열을 살피고 다른 해석의 가능성을 인정할 때, 우리는 사고의 확장을 경험하게 된다. 생각을 차갑게 다룰 수 있는 자만이 상대의 반론을 공격이 아닌 '교정의 도구'로 수용할 수 있다. 이 지적인 거리감이 사유를 성숙하게 만들며, 감정의 안개에 가려졌던 진실의 형태를 선명하게 드러낸다.

이러한 지적 절제는 개인의 수양을 넘어 공동체의 담론을 '소모'에서 '생산'으로 전환시킨다. 자신의 오류를 인정하는 용기는 나약함이 아니라 진실 앞의 당당함이다. 결국 토론의 목적은 상대를 굴복시키는 정복이 아니라, 서로의 무지를 걷어내며 더 높은 합의에 도달하는 지적 항해에 있다.

행복의 비결은 세상이 참혹하다는 사실을 직시하는 것이다.

_버트런드 러셀

행복은 세상이 아름답다고 믿는 데서 오지 않는다. 오히려 세상이 불완전하고 때로는 잔인하다는 사실을 인정할 때, 우리는 불필요한 기대에서 자유로워진다. 삶이 늘 공정해야 한다는 믿음, 노력하면 반드시 보상받아야 한다는 환상은 현실과 부딪히는 순간 깊은 좌절을 남긴다. 고통은 사건보다 기대에서 더 크게 자란다.

세상의 참혹함에 대한 직시가 곧 성숙이다. 세상이 완벽하지 않음을 받아들일 때 우리는 불행을 개인적인 배신으로 해석하지 않게 되고, 고통을 나만의 결함으로 돌리지도 않는다. 그 인식은 삶을 단념하게 만들기보다, 오히려 감정의 과잉을 가라앉히고 마음의 균형을 회복하게 한다. 현실을 인정하는 순간, 우리는 감정의 주도권을 되찾는다.

행복은 현실을 미화한다고 생기는 게 아니다. 있는 그대로의 세계 속에서도 기쁨을 선택할 수 있을 때, 우리는 훨씬 단단한 평온에 도달한다. 세상이 어둡다는 사실을 알면서도 그 어둠에 모든 의미를 내주지 않는 태도, 그것이 삶을 지탱하는 본질적인 힘이다. 세상의 참혹함을 직시하되 그 안에서 살아갈 이유를 스스로 만들어내는 것. 그 지점에서 러셀이 말한 성숙한 행복은 조용히 시작된다.

진정한 인간의 척도는 자신에게
아무런 이득이 되지 않는 사람을
어떻게 대하는가에 달려 있다.

_새뮤얼 존슨

사람의 태도는 이익 앞에서 가장 쉽게 꾸며진다. 필요할 때는 친절해지고, 관계가 유용할 때는 다정해진다. 그러나 쓸모가 사라지는 순간, 말투는 건조해지고 마음은 슬며시 멀어진다. 관계의 진짜 얼굴은 언제나 아무것도 얻을 것이 없을 때, 더 이상 주고받을 계산이 남지 않았을 때 냉혹하게 드러난다. 그때 우리는 그 관계가 호의였는지, 거래였는지를 분명히 마주하게 된다.

사람의 진가는 손에 쥔 것이 모두 사라졌을 때 가장 선명해진다. 보상이 없는 상황에서 보이는 배려, 되돌아올 칭찬 없이 건네는 존중, 힘의 균형이 기울어졌을 때도 끝까지 유지되는 예의는 쉽게 흉내 낼 수 없다. 그것들은 관계를 유지하기 위한 얄팍한 기술이 아니라, 사람 안에 이미 자리한 품격에서 자연스럽게 흘러나오기 때문이다.

얻을 것이 있을 때의 친절은 투자이지만, 얻을 것이 없을 때의 존중은 인격이다. 우리는 사람을 평가할 때 그가 어떻게 성공했는지를 보지만, 진짜 그 사람을 알고 싶다면 그가 아무 힘도 없는 사람을 어떻게 대하는지를 봐야 한다. 이득 없는 자리에서도 변하지 않는 태도, 그 조용한 일관성이 한 사람의 깊이를 말해준다. 그것이야말로 꾸밀 수 없는 진짜 얼굴이며, 시간이 흘러도 닳지 않는 진실이다.

페니실린과 의학 연구가 시작되기
전에는 죽음은 일상적인 일이었다.
죽음은 친밀했다.

_캐서린 던

죽음은 한때 일상이었다. 불과 백여 년 전만 해도 아이들은 형제자매가 죽는 것을 보며 자랐고, 부모는 자식을 묻는 일이 드물지 않았으며, 젊은 사람도 갑작스런 질병으로 사라졌다. 죽음은 바로 옆에서 일어나는 현실이었다. 사람들은 죽음과 함께 살았고, 죽음을 삶의 일부로 받아들였다.

죽음이 일상이었던 시대 사람들은 시간의 유한함을 알았기에 의미 있는 것을 우선했다. 반면 죽음을 멀리 밀어낸 현대인은 자신이 영원히 살 것처럼 행동한다. 중요한 일을 미루고, 사소한 것에 시간을 낭비하며, 정작 소중한 사람들과 시간을 보내지 않는다. 죽음을 외면하는 것이 편안함을 주는 것 같지만, 실은 삶의 긴박함과 소중함을 잃게 만든다.

죽음과의 거리는 삶에 대한 태도를 결정한다. 죽음이 친밀했던 시대에는 삶이 절실했고, 죽음이 낯설어진 지금 우리는 살아 있음에 점점 무감각해지고 있다. 죽음을 부정하는 것은 삶의 의미를 흐리게 만든다. 죽음을 기억하는 일은 오늘을 허투루 살지 않게 만드는 가장 맑은 각성이다.

194 사람의 인생에는 두 번의
위대한 날이 있다.
우리가 태어난 날과 우리가
왜 태어났는지 깨닫는 날이다.

_어니스트 캠벨

대부분의 사람은 '왜 살아야 하는가'라는 질문을 깊이 품어보지 못한 채 인생을 살아간다. 해야 할 일에 쫓기고, 남들과 비슷한 속도로 걷느라 정작 자신의 방향을 돌아볼 여유를 잃는다. 하루는 계속 이어지지만, 목적 없는 움직임은 어느새 살아 있음과 살아간다는 감각 사이에 보이지 않는 공백을 만들어낸다.

그러나 어느 순간, 질문이 생긴다. 이 길이 정말 나의 것인지, 이 반복이 과연 나를 향하고 있는지 묻게 되는 때가 온다. 그 질문은 대개 흔들림 속에서 태어난다. 실패, 상실, 권태, 혹은 설명할 수 없는 공허함이 삶을 멈춰 세우며 우리를 자기 자신 앞으로 불러낸다. 그때 우리는 '어떻게 살 것인가'보다 더 근원적인 물음을 마주한다. 나는 왜 여기에 있는가?

그 질문에 대한 답을 찾는 순간, 인생은 전혀 다른 밀도를 갖기 시작한다. 선택에 무게가 생기고, 시간은 흘러가는 것이 아니라 쌓이기 시작한다. 태어난 날이 삶의 시작이라면, 이유를 깨닫는 날은 삶이 마침내 자기 것이 되는 순간이다. 그리고 그 순간부터, 우리는 단 한 번도 살아본 적 없던 자신의 인생을 살기 시작한다.

신은 제가 바꿀 수 없는 것을
받아들일 수 있는 평온함과
바꿀 수 있는 것을 바꾸는 용기,
그리고 그 차이를 아는 지혜를
허락해 주셨습니다.

_라인홀트 니부어

우리는 모든 것을 바꾸려다 스스로 무너지고, 반대로 아무것도 바꾸지 못한 채 무기력하게 체념한다. 그러나 인생의 비극은 대개 이 두 영역을 혼동하는 데서 시작된다. 바꿀 수 없는 현실 앞에서는 불필요한 저항으로 자신을 소모하고, 정작 바꿀 수 있는 삶의 태도와 선택 앞에서는 두려움에 멈춰 선다.

온전한 수용이란 내 권한 밖의 일을 담담히 도려내는 '성숙한 인정'이다. 용기란 책임져야 할 영역을 외면하지 않는 '단호한 결단'이다. 수용을 통해 마음의 불필요한 무게를 덜어내고 용기를 통해 나아가야 할 길을 정비할 때, 수용과 용기는 서로 상반되는 덕목이 아니라 온전히 삶을 지탱하는 두 개의 기둥이 된다.

인생을 바꾸는 핵심은 무엇을 내려놓고 무엇을 붙들어야 하는지 가려내는 '명철한 구별'에 있다. 이 차이를 아는 사람만이 불필요한 고통을 덜어내고, 자신이 바꿀 수 있는 가장 중요한 문제에 온 힘을 쏟아붓는다. 지혜롭게 구별하여 전심으로 집중할 때, 우리의 삶은 혼란이 아닌 올바른 방향 속에서 완성된다.

다른 사람에게 영향을 미치는 데
있어 모범은 중요한 것이 아니다.
그것은 유일한 것이다.

_알베르트 슈바이처

사람을 바꾸는 것은 말이 아니다. 아무리 논리가 정교하고 의도가 선해도, 삶에서 증명되지 않은 말은 쉽게 흩어진다. 우리는 조언에는 본능적으로 방어적이 되지만, 눈앞에서 반복되는 태도에는 서서히 영향을 받는다. 그래서 진짜 변화는 설득의 힘보다, 일상의 축적에서 시작된다. 말은 순간을 흔들 수 있지만, 삶은 기준을 바꾼다.

모범이란 말과 삶의 일치다. 말하는 것과 살아가는 것 사이의 간극이 좁을수록 그 사람의 존재는 신뢰를 얻는다. 보이지 않는 순간에도 지켜내는 언행일치의 원칙은 주변의 판단 기준을 조용히, 그러나 강력하게 끌어올린다. 누군가는 그 이유를 논리로 설명하지 못해도, 그 삶을 보며 '저렇게 살아보고 싶다'는 감각을 배우게 된다. 모범은 가르치지 않지만, 자연스럽게 전염된다.

가장 깊은 영향은 바꾸려는 의지에서 나오지 않는다. 누군가를 설득하려는 순간 말은 어느새 힘을 잃지만, 묵묵히 살아가는 모습은 설명 없이도 커다란 울림이 된다. 삶으로 드러난 태도는 반박할 수 없고, 반복된 행동은 말보다 오래 남는다. 그래서 모범은 타인의 삶에 닿을 수 있는, 가장 조용하면서도 가장 확실한 언어다.

배우지 않은 사람에게 노년은 겨울이지만,
배운 사람에게 노년은 수확의 시기입니다.

_유대인 속담

시간은 모두에게 같은 속도로 흐르지만, 그 시간이 남기는 흔적은 절대 같지 않다. 어떤 삶은 흘러가며 흔적 없이 사라지고, 어떤 삶은 머무르며 점점 깊어진다. 그 차이는 '무엇을 내면에 차곡차곡 쌓아왔는가'에서 생긴다. 겉으로 드러나는 성취보다, 보이지 않는 축적이 삶의 무게를 만든다.

그런 관점에서 배움은 가장 깊이 있는 축적이다. 매일의 공부가 당장의 현실을 뒤바꾸지는 않으나, 읽고 고뇌하며 남긴 사유의 흔적들은 시간의 퇴적층 속에 내려앉아 결국 삶을 지탱하는 단단한 지반이 된다. 그것은 판단의 기준이 되고, 감정의 균형이 되며, 길을 잃었을 때 다시 돌아올 내면의 좌표가 된다. 그렇게 배움은 눈에 띄게 자라지 않지만, 쉽게 사라지지도 않는다.

배운 사람의 노년은 무엇을 더 얻으려 애쓰지 않는다. 이미 자기 안에 충분한 세계가 있기 때문이다. 세상이 조금 느려져도 조급하지 않고, 조용한 시간 속에서도 공허하지 않다. 남은 시간은 결핍을 채우는 싸움이 아니라, 축적된 삶을 음미하는 계절이 된다. 배움이란 시간이 흘러도 닳지 않는 것을 자기 안에 남겨두는 일이며, 그 변치 않는 자산이 인생의 가장 긴 계절을 따뜻하게 만든다.

198 거래에는 우정이 없다.

거래의 세계에서 감정은 종종 착각을 불러일으킨다. 친밀함이 신뢰를 대신할 수 있을 것이라 믿고, 가까운 사이라면 확실한 기준 없이도 서로 이해할 수 있을 것이라 여긴다. 그러나 거래는 이해관계로 작동한다. 마음으로 맺은 인연과 조건으로 맺은 약속을 혼동하는 순간, 관계는 흔들리기 시작한다. 기준이 분명하지 않으면, 선의로 시작된 약속도 서로 다른 해석을 낳고, 그 차이는 결국 갈등으로 드러난다.

우정은 배려를 전제로 하지만, 거래는 책임을 전제로 한다. 친구 사이라 해도 약속 앞에서는 각자의 몫과 의무가 분명해야 한다. 감정이 개입될수록 판단은 느슨해지고, 느슨해진 기준은 실망으로 귀결된다. 거래에서 필요한 것은 따뜻한 마음이 아닌 명확한 구조다. 말로 한 신뢰보다 문서로 남긴 책임이 관계를 오래 지탱한다.

거래에 우정이 없다는 말은 인간미를 버리라는 뜻이 아니다. 오히려 관계를 지키기 위해서라도 공과 사는 냉정하게 구분되어야 한다는 경고에 가깝다. 감정은 우정의 자리로 남겨두고, 약속은 계약의 언어로 분명히 할 때 오해는 줄어든다. 냉정함이 관계를 망치는 것이 아니라, 경계 없는 호의가 관계를 무너뜨린다.

지붕을 수리할 때는
햇볕이 쨍쨍할 때다.

_존 F. 케네디

지붕을 수리하기에 가장 완벽한 시점은 역설적이게도 비 한 방울 내리지 않는 '햇볕이 쨍쨍한 날'이다. 위기는 늘 평온 속에 조용히 숨어들며, 폭풍이 몰아친 뒤에야 서둘러 지붕을 고치는 것은 처참한 사후 수습일 뿐이다. 삶이 순탄할 때 우리는 안주라는 함정에 빠져 다가올 폭풍을 잊지만, 영민한 사람은 가장 안락한 순간에 자신의 취약점을 보강하는 데 주의를 기울인다.

반면, 대부분의 사람은 역치에 도달해서야 움직인다. 건강을 잃고서야 관리를 시작하고, 관계가 파국에 이르고서야 진심을 꺼낸다. 하지만 뒤늦은 대처는 언제나 가혹한 비용을 동반한다. 수습하는 순발력은 궁지에서 발휘되는 생존 본능일 뿐, 진짜 실력은 위기를 앞지르는 예방의 치밀함에서 결정된다.

삶의 명철함은 '시차'를 장악하는 데 있다. 문제가 터진 뒤에 움직이는 것은 수동적 수습이지만, 드러나기 전의 시간을 다스리는 것은 주도권 장악이다. 그래서 지금이 평온하다면 철저하게 준비할 때이다. 폭풍은 예고 없이 오지만, 대비는 언제나 선택의 문제다. 그렇게 맑은 날 흘린 땀방울만이 훗날의 평온을 보장하는 유일한 담보가 될 것이다.

용기를 내시길 간청합니다.
용감한 영혼은 재난도
극복할 수 있습니다.

_예카테리나 대제

용기는 두려움이라는 중력을 거슬러 자기 존엄을 들어 올리는 정신의 근력이다. 삶의 온갖 위협은 영혼을 위축시키려 들지만, 용감한 영혼은 그 거대한 압력마저 자신의 실존을 단련하는 동력으로 승화시킨다. 이러한 내면의 힘은 평온할 때보다 상황이 허물어질 때 더욱 선명하게 그 위대함을 드러낸다.

외부의 질서가 붕괴할 때 내면의 질서를 수호하고, 모두가 포기를 종용할 때 기어이 전진의 이유를 찾아내는 자만이 영혼의 주인으로 남는다. 고난은 우리를 뒤흔들어 한계로 몰아넣지만, 용기는 그 시련을 통과하며 오히려 이전보다 자기 자신을 더욱 견고하게 다듬는 결정적인 변곡점을 만들어낸다.

이처럼 용기를 낸다는 것은 어떤 비극 앞에서도 자신의 인생을 타인이나 운명의 처분에 맡기지 않겠다는 준엄한 선언이다. 세상이 아무리 가혹한 무게로 짓누를지라도, 스스로 침몰하기를 거부하는 영혼은 절대 함락되지 않는다. 용기는 무너진 폐허 위에서도 다시 삶을 설계할 수 있게 만드는, 어쩌면 인간이 지닌 유일한 초능력일지도 모르겠다.

**우리는 전례 없는 편리함의 시대에 살고 있지만,
동시에 전례 없는 위험의 시대에 살고 있다.**

_존 F. 케네디

편리함은 우리를 대신해 더 많은 일을 해줄수록, 우리에게서 더 많은 능력을 앗아간다. 기술이 정교해질수록 인간의 감각은 무뎌지고, 도구가 고도화될수록 개인의 자립심은 희미해진다. 손가락 하나로 모든 것을 해결하는 안락함 이면에는, 그 시스템이 단 한 번이라도 멈췄을 때 속수무책으로 무너질 수밖에 없는 '의존의 취약성'이라는 거대한 위험이 도사리고 있다.

더 큰 위험은 정신적 태만에서 온다. 편리함에 길들여진 마음은 조금의 불편함도 견디지 못하며, 즉각적인 반응이 없는 시간은 무의미한 지체로 여긴다. 우리는 시간을 아끼기 위해 더 빠른 수단을 찾지만, 그렇게 번 시간을 다시 무의미한 자극을 소비하는 데 사용한다. 결과적으로 편리함이 삶의 질을 높였다는 믿음은 착각이다. 그것은 단지 우리를 더 조급하고 참을성 없는 존재로 몰아넣었을 뿐이다.

이 시대의 진정한 위험은 편리함이 주는 안락한 마비 증세다. 편리함을 적절히 활용하되, 그 기능이 나의 본질적인 힘을 대체하게 해서는 안 된다. 스스로 생각하고, 불편을 감수하며, 기계가 대신할 수 없는 고유한 호흡을 유지하는 것. 그 깨어 있는 감각만이 편리함이라는 늪에 빠지지 않고 시대의 위험을 통과할 수 있는 유일한 방패다.

원치 않는 생각으로부터 얼마나 자유로운지,
그리고 하나의 생각에 얼마나 집중할 수 있는지가
정신적인 성장을 가늠하는 척도이다.

_라마나 마하르시

우리는 하루에도 수만 가지 생각의 범람 속에 살아간다. 그 흐름의 대부분을 채우고 있는 것은 원치 않는 걱정이나 타인의 시선 같은 불필요한 부유물이다. 그런 관점에서 진정한 성장은 내면의 소란을 잠재우고, 삶의 본질에 온 의식을 투여할 수 있는 '의식의 주권'을 되찾는 과정이다.

집중은 효율을 위한 수단이기에 앞서, 흩어진 내면의 질서를 바로잡는 수행이다. 하나의 대상에 깊이 몰입할 때 마음의 파편들은 하나로 모이며, 그 응축된 힘은 우리를 표면적인 불안 너머의 본질로 인도한다. 반대로 원치 않는 생각이 꼬리에 꼬리를 물도록 방치하는 것은 내면의 영토를 무법천지로 내어주는 것과 같다. 이 주권의 회복은 내가 원하지 않는 생각에 '아니오'라고 말할 수 있는 단호함과, 지향해야 할 가치에 의식을 고정하는 인내에서 시작된다.

정신적 성장의 끝은 생각의 범람 속에서도 중심을 잃지 않는 '의식의 명료함'을 얻는 데 있다. 마음이 과거의 유령이나 미래의 환영에 붙들리지 않고, 오직 '지금 여기'의 진실에 머무를 수 있을 때 인간은 자유로워진다. 곁가지 같은 생각들을 쳐내고 본질에만 집중할 수 있는 통제력은 외부의 소란에 상관없이 자신의 삶을 주도하는 궁극적 힘이 된다.

후회는 번영의 시기에는
잠들어 있다가
역경이 닥치면 깨어난다.

_장자크 루소

후회는 늘 조용히 뒤따른다. 모든 것이 순조로울 때에는 좀처럼 모습을 드러내지 않지만, 삶이 흔들리는 순간 가장 또렷한 얼굴로 나타난다. 번영의 시기에는 선택의 옳고 그름이 분명히 구분되지 않고, 성공은 판단의 빈틈마저 일시적으로 덮어준다. 우리는 그때의 결정을 깊이 되묻지 않은 채 앞으로만 나아간다.

그러나 역경은 숨겨졌던 진실을 천천히 드러낸다. 상황이 어려워질수록 사람은 과거의 갈림길을 떠올리고, 그 순간의 태도와 책임을 다시 바라보게 된다. 사실 후회란 스스로에게 솔직하지 못했던 시간들이 마음 위로 되돌아오는 감정에 가깝다. 그것은 상처이면서 동시에 깨달음의 문이기도 하다.

루소가 말한 후회는 과거를 벌하기 위한 감정이 아니다. 그것은 삶이 우리에게 건네는 늦은 질문이다. 왜 그때 용기를 내지 못했는지, 왜 편안함을 진실보다 앞세웠는지를 자신에게 묻게 된다. 그 질문을 외면하지 않을 때, 후회는 사람을 무너뜨리는 짐에서 탈피하여 다음 선택을 더욱 신중하게 만드는 지혜로 거듭난다. 고통 속에서 깨어난 후회는, 더 나은 삶으로 향하라는 조용한 요청이다.

힘과 정의가 결합되었을 때, 그들보다 더 강력한 한 쌍이 어디 있겠는가?

_아이스킬로스

힘만으로는 충분하지 않다. 힘은 목표를 달성하고, 의지를 관철하며, 변화를 만들어낼 수 있지만, 방향이 없으면 그것은 파괴적이다. 힘 없는 정의는 무력하고, 정의 없는 힘은 폭력적이다. 역사는 힘만 가진 자들의 비극으로 가득하다. 그들은 모든 것을 얻었지만 존경받지 못했고, 두려움은 심었지만 신뢰는 얻지 못했으며, 지배는 했지만 사랑은 받지 못했다. 힘은 복종을 강요할 수 있지만, 정당성을 부여하지는 못한다.

반대로 정의만으로도 충분하지 않다. 정의는 옳음을 판단하고, 방향을 제시하며, 가치를 수호하지만, 힘이 없으면 현실을 바꿀 수 없다. 정의로운 이상은 아름답지만, 그것을 실현할 힘이 없으면 공허한 외침에 그친다. 악은 정의로운 말로 물러나지 않으며, 불의는 호소만으로 사라지지 않는다. 정의는 힘과 만날 때 현실을 바꾸는 도구가 된다.

진정으로 강력한 것은 힘과 정의가 결합된 순간이다. 정의로운 힘은 정당성과 실행력을 동시에 갖추며, 사람들의 두려움이 아닌 존경을 얻는다. 힘은 정의에게 수단을 주고, 정의는 힘에게 목적을 준다. 이 둘의 결합보다 더 강력한 조합은 없으며, 그것이야말로 진정한 권위의 원천인 것이다.

제가 아는 가장 행복한 사람들은
행복에 대해 생각조차 하지 않는 사람들입니다.
그들은 그저 좋은 이웃, 좋은 사람이
되는 것에 대해서만 생각합니다.
그리고 그들이 좋은 일을 하느라 바쁠 때
행복은 뒷창문으로 슬그머니 들어옵니다.

_해럴드 S. 쿠슈너

행복을 붙잡으려 할수록 그것은 멀어진다. 행복에 집착하는 시선은 현재를 감상하는 눈에서, 결핍만을 예민하게 찾아내는 감별사의 눈으로 전락하기 때문이다. 감정을 점검하는 데 익숙해진 삶은 오히려 감정에 갇히고, 행복을 의식하는 순간 삶은 이미 계산이 된다.

마음이 가장 가벼운 순간은 역설적으로 자신에게서 시선을 거둘 때다. 나의 만족과 득실을 따지는 집요한 자아로부터 벗어나, 타인의 아픔에 공감하거나 가치 있는 일에 몰입할 때 영혼은 자유를 얻는다. 행복해지기 위해 애쓰는 대신 좋은 이웃, 정직한 동료가 되는 일에 마음을 쏟다 보면, 나를 옥죄던 결핍의 갈증은 어느덧 자취를 감춘다.

가장 행복한 사람들은 "나는 행복한가?"를 묻지 않으며, "오늘 나는 누군가에게 의미 있는 사람이었는가?"를 묻는다. 행복은 올바른 삶에 따라오는 자연스러운 결과다. 자신을 잊고 타인을 위해, 가치를 위해, 의미를 위해 살 때, 행복은 우리가 알아채지 못하는 사이 이미 우리 곁에 와 있다.

배부른 사람과 배고픈 사람이 한 덩어리의 빵을 바라볼 때 같은 것을 보지 않는다.

_잘랄 아드딘 무하마드 루미

같은 장면 앞에 서 있어도 사람들은 서로 다른 세계를 본다. 그것은 사실의 차이라기보다 인식의 차이에 가깝다. 눈앞의 대상은 같으나, 그 안에서 읽어내는 의미는 각자가 통과해온 삶의 궤적에 따라 전혀 다르게 재구성된다. 어떤 이에게는 익숙한 풍경이, 다른 이에게는 절박한 질문이 된다.

우리는 사물을 있는 그대로 본다고 믿지만, 실제로는 경험의 깊이만큼만 바라본다. 처절한 결핍은 시선을 예민하게 만들고, 누려온 풍요는 감각을 무디게 덮어버린다. 같은 상황 속에서도 누군가는 삶의 무게를 절감하고, 누군가는 그저 무심히 지나친다. 이것은 지능이나 이해력으로 설명할 수 없는, 삶이 각자의 영혼에 아로새긴 고유한 감각의 문제다.

타인을 이해한다는 것은 그가 어떤 인식의 좌표 위에서 세상을 바라보고 있는지 그 고유한 결핍을 상상해보는 일이다. 내가 가볍게 흘려보낸 순간이 누군가에게는 온 힘을 다해 버텨내야 했던 사투의 시간일 수 있음을 인정할 때, 시선은 한결 따뜻해지고 마음은 겸허해진다. 그렇게 서로 다른 세계 위에 서 있다는 사실을 받아들이는 순간, 우리는 같은 인간이라는 지점에서 서로에게 닿는다.

인간으로서 우리는 선택의 자유를 부여받았으며,
우리의 책임을 신이나 자연의 어깨에 떠넘길 수는 없다.
우리는 스스로 그것을 짊어져야 한다.
그것은 우리의 책임이다.

_아놀드 J. 토인비

자유에는 엄중한 대가가 따른다. 우리는 매 순간 선택하며 살아가지만, 그 선택이 가져온 결과의 하중 앞에서는 종종 비겁해진다. "어쩔 수 없었다"거나 "상황이 그랬다"는 변명은 얼핏 타당해 보이지만, 사실은 자신의 인생을 환경의 포로로 내맡기는 투항 선언과 같다. 책임 없는 자유는 존재하지 않으며, 책임을 거부하는 순간 우리는 자유도 함께 잃는다.

책임을 회피하는 것은 쉽다. 실패하면 환경을 탓하고, 잘못하면 타인을 비난하며, 고통스러우면 운명을 원망하는 것은 인간의 본능에 가깝다. 그러나 책임을 떠넘기는 순간 우리는 상황의 '희생자'로 전락한다. 반대로 그 무게를 기꺼이 받아들이면 고달프지만 동시에 자유롭다. 결과 어떠하든 책임을 지는 순간, 우리는 상황을 바꿀 수 있는 '주체'로 거듭나기 때문이다.

인간의 존엄은 자유에 있고, 자유의 본질은 책임에 있다. 신에게 의탁하지도 타인을 원망하지도 않은 채, 자신의 선택을 온전히 어깨로 받아내는 자만이 진정으로 자유롭다. 책임은 우리를 억누르는 짐이 아니라 자유의 증거이며, 그 무게를 짊어지는 사람만이 자신의 인생을 우연의 산물이 아닌, 의지의 작품으로 빚어낼 수 있다.

눈물 흘리는 걸 부끄러워할 필요 없다.
올바른 마음가짐에서 흘리는 눈물은
약함이 아니라 강함의 표시이기 때문이다.

_존 러벅

사람들은 눈물을 감정의 붕괴로 착각하지만, 사실 마음이 끝까지 무너지지 않기 위해 택한 마지막 언어다. 무작정 버티기만 하는 시간 속에서 감정은 안으로 고여 딱딱하게 굳어가지만, 밖으로 흘러나온 눈물은 그 경직을 유연하게 풀어낸다. 자신을 속이는 인내는 힘이 아닌 억지스러운 착각이다. 그런 왜곡된 착각은 끝내 스스로를 가두는 창살이 된다.

진정한 강함은 감정을 지워내는 무감각에 있지 않고, 아픔을 느끼고도 그것에 잠식되지 않는 데 있다. 올바른 마음에서 흘린 눈물은 자신을 포기하지 않겠다는 필사적 의지의 투명한 발현이다. 흔들렸음을 인정할 줄 아는 사람만이 다시 중심으로 회귀할 수 있고, 무너지지 않기 위해 울 수 있는 사람만이 끝내 다시 일어선다.

눈물은 부끄러움의 증거가 아니다. 그것은 마음이 아직 살아 있다는 신호이며, 인간다움을 끝까지 놓지 않았다는 고백이다. 감정을 억누른 무표정한 얼굴보다, 뜨겁게 울고 난 뒤 다시 앞을 바라보는 사람의 표정은 비교할 수 없이 결연하다. 눈물은 강함이 지나간 자리에서 남긴 조용한 표식이다.

IX

We cannot meet 21st Century challenges with a 20th Century bureaucracy.

20세기의 관료주의로는 21세기의 도전에 대응할 수 없다.

_버락 오바마

Absence of proof is not proof of absence.

_Karl Popper

증거의 부재가 부재의 증거는 아니다.

_칼 포퍼

**좋은 생각은 아침에 깨어 있게 만들지만,
위대한 생각은 밤에도 깨어 있게 만든다.**

_매릴린 보스 서번트

좋은 생각은 우리를 고취한다. 번뜩이는 영감이 주는 설렘은 하루를 시작할 힘이 되고, 일상을 다시 움직이게 하는 작은 점화가 된다. 그런 생각은 그렇게 삶에 활기를 불어넣지만, 그 열기는 대개 낮의 시간 안에서만 머물고, 해가 저물면 뜨거웠던 감정도 함께 식어 안락한 수면 아래로 가라앉는다.

위대한 생각은 궤를 달리한다. 그것은 밤의 침묵 속에서도 영혼을 형형하게 깨워둔다. 눈을 감아도 머릿속을 떠나지 않고, 새벽의 정적을 뚫고 사유의 광장으로 우리를 불러낸다. 위대한 생각은 삶을 장악하는 거룩한 강박이며, "이것이 아니면 안 된다"는 지독한 절박함이다. 좋은 생각이 선택지를 준다면, 위대한 생각은 우리를 사로잡아 단 하나의 길로 구속하며 마침내 운명을 움직인다.

좋은 생각과 위대한 생각의 차이는 우리가 그것과 맺는 관계의 깊이에 있다. 좋은 생각은 우리가 선택하는 것이지만, 위대한 생각은 우리를 선택한다. 좋은 생각은 필요에 따라 꺼내 쓰지만, 위대한 생각은 내면에 뿌리내려 스스로 자라난다. 그것은 통제를 벗어난 생명력으로 일상을 근본부터 재편한다. 우리는 위대한 생각 앞에 기꺼이 헌신하게 되며, 그 대가로 삶의 의미를 다시 쓸 기회를 얻는다.

누구나 잠시 사색에
잠길 수 있는 공간이 필요하다.
그래서 침묵은 중요하다.
오직 침묵 속에서만 진실의 속삭임을
들을 수 있기 때문이다.

_글렌 벡

사람은 끊임없이 말과 소음 속에서 살아가지만, 정작 자신을 만나는 순간은 대부분 침묵 속에서 찾아온다. 생각은 소리 위에서 자라지 않는다. 말이 멈추고 자극이 잦아들 때, 마음 깊은 곳에 가라앉아 있던 질문들이 슬며시 모습을 드러낸다. 침묵은 단조로운 텅 빈 공백을 넘어, 내면이 스스로를 정렬하고 방향을 가다듬는 시간이다.

조용함이 허락되지 않는 삶에서는 생각조차 숨을 쉬기 어렵다. 우리는 종종 바쁨을 충만함으로 착각하지만, 끊임없는 자극 속에서는 진실이 머물 자리를 찾지 못한다. 침묵이 중요한 이유는 영혼이 숨을 고르는 그 깊은 심연 속에서 근본적인 것들이 천천히 말을 걸어오기 때문이다.

진실은 소리 높여 외치지 않는다. 그것은 설명보다 느리고, 주장보다 낮은 목소리로 다가온다. 우리는 잠시 멈추어야 한다. 말하지 않는 시간, 반응하지 않는 순간, 아무도 요구하지 않는 고요 속에서만 스스로에게 가장 정직한 대답을 들을 수 있다. 침묵은 삶의 방향을 다시 듣기 위한 가장 깊은 집중이며, 자신을 회복시키는 가장 원초적인 결단이다.

사회가 진실에서 멀어질수록, 진실을 말하는 사람들을 더욱 미워하게 된다.

_조지 오웰

진실이 불편해지는 순간, 사람들은 사실보다 감정을 먼저 지키려 한다. 공동체가 오래 유지해 온 믿음과 관성이 흔들릴 때, 진실은 계몽이 아닌 위협으로 받아들여진다. 진실을 말하는 자는 평화를 깨뜨리는 불온한 자가 되고, 침묵하는 자는 선량한 시민으로 남는다. 진실은 거짓보다 위험하기에, 대중은 가장 먼저 진실부터 배척한다.

사회가 진실에서 멀어질수록 거짓은 점점 부드러워진다. 듣기 좋은 위로, 책임을 묻지 않는 말, 모두를 안심시키는 설명들이 환영받는다. 반대로 투명한 사실을 꺼내는 목소리는 '분위기를 망친다'는 이유로 밀려난다. 진실을 향한 분노는 그것이 비추는 비루한 현실을 견딜 수 없어서 터져 나오는 자기방어적 기제에 가깝다.

진실을 말하는 일은 언제나 고독한 저항이다. 박수받지 못하고, 환영받지 못하며, 때로는 공동체의 적으로 낙인찍힌다. 그럼에도 누군가는 끝내 침묵하지 않는다. 진실이 사라진 자리에는 끈덕진 부패가 남는다는 사실을 죽어도 외면할 수 없기 때문이다. 사회의 붕괴는 거짓이 범람할 때가 아니라, 진실을 말하던 목소리마저 사라질 때 찾아온다.

시간의 공급은 진정으로
매일매일 일어나는 기적이며,
이를 자세히 들여다보면
정말 경이로운 일이다.

_앨리스 모스 얼

세상의 모든 자원은 유한하고 불평등하게 배분되지만, 오직 시간만은 예외다. 매일 아침 누구에게나 동일한 양으로 배달된다. 어제의 실패와 후회가 아무리 깊었을지라도, 태양이 뜨면 우리는 어김없이 아무것도 기록되지 않은 깨끗한 24시간을 새로 부여받는다. 우리는 이 기적에 너무 익숙해진 나머지, 그것이 매 순간 소멸하고 있다는 사실을 잊고 살아간다.

흘러가는 시간은 붙잡을 수 없다. 그러나 그 시간을 통과하는 우리의 몰입은 시간의 성격을 바꾼다. 무의미하게 흘려보내는 1시간은 그저 소모되는 숫자에 불과하다. 반면 무언가에 온 마음을 쏟는 1분은 영원히 잊히지 않는 생의 감각으로 남는다. 시간은 누구에게나 똑같이 흐른다. 하지만 그 시간을 살아내는 사람이 느끼는 삶의 밀도는 저마다 다를 수밖에 없다.

단순히 시간을 '보내는' 자에게 시간은 소모품일 뿐이다. 시간을 '일구는' 자에게 그것은 운명을 빚는 점토가 된다. 시간은 저축할 수도, 빌릴 수도, 되돌릴 수도 없다. 매일 아침 주어지는 시간은 단순한 숫자를 넘어선 가능성이다. 그 가능성을 알아보는 자만이 삶을 헛되이 허비하지 않는다. 기적은 특별한 날에 오지 않는다. 오늘이라는 시간 속에 조용히 섞여 있을 뿐이다.

용기가 부족한 사람들은
항상 그것을 정당화할 철학을
찾아낼 것이다.

_알베르 카뮈

망설임은 종종 '신중함'이라는 이름으로 포장되고, 회피는 '객관적 판단'이라는 가면을 쓴다. 용기가 바닥난 이들은 자신의 멈춤을 설명하기 위해 방대한 논리와 근거를 수집하며, 스스로를 설득하는 데 가장 많은 지성을 소모한다. 그들이 구축한 견고한 철학은 사실 진리를 향한 탐구라기보다, 도전에 직면했을 때 느낄 상처와 실패로부터 자신을 보호하기 위한 심리적 방벽에 가깝다.

문제는 생각이 많아서가 아니다. 행동해야 할 순간에 사유를 앞세워 뒤로 숨는 데 있다. 선택의 기로에서 분석은 비대해지고 설명은 정교해진다. 하지만 삶은 단 한 뼘도 전진하지 않는다. 이때 사유는 생의 지평을 넓히는 도구가 아닌 정체를 변명하는 알리바이가 된다. 그리고 철학은 비겁한 멈춤을 정당화하는 명분으로 굳어진다.

생각은 결코 행동을 대신할 수 없다. 세련된 이해가 선택의 책임을 유예해주지도 않는다. 참된 철학은 삶에서 도망치게 하지 않고, 삶을 향해 뛰어들게 만들 것이다. 인간을 근본적으로 뒤바꾸는 것은 더 정교한 논리의 탑이 아니라, 그 모든 논리가 멈추는 지점에서 무모하게 내딛는 짧은 한 걸음이다.

내일 세상이 멸망한다는 것을 안다고 해도, 나는 여전히 사과나무를 심을 것이다.

_마르틴 루터

대부분의 행위는 보상을 전제로 한다. 열매를 맺을 가망이 없을 때, 우리는 수고를 멈추는 것이 합리적이라고 믿는다. 그러나 루터가 말한 사과나무는 일반적인 수확을 위한 농작물을 넘어, 어떤 외부의 파괴도 침범할 수 없는 '존재의 증명'이다. 세상의 끝이 예고된 순간에도 삽을 들어 나무를 심는 행위는, 멸망이라는 운명에 굴복하지 않고 끝까지 '자기 자신'으로 살겠다는 의연한 저항이다.

이 저항에는 분노도, 구호도 없다. 오직 평소와 다르지 않은 일상만이 남아 있다. 하지만 일상을 지속한다는 것은 붕괴의 논리에 순응하지 않겠다는 가장 근본적인 거부다. 그래서 이 침묵은 그 어떤 외침보다 강하다. 종국적 파멸 앞에서 인간이 선택할 수 있는 마지막 품격은, 자신의 자리를 끝까지 지키는 데서 드러난다. 결국 사과나무를 심는 손은 오늘의 삶을 배반하지 않겠다는 침묵의 맹세에 가깝다.

우리에게도 그런 순간은 반복해서 찾아온다. 모든 노력이 무의미해 보일 때, 포기하는 편이 더 합리적으로 느껴질 때, 그럼에도 불구하고 다시 하루를 살아내는 선택. 작고 평범한 책임을 내려놓지 않는 태도야말로 우리가 혼란 속에서도 스스로를 잃지 않게 하는 마지막 기준이 된다. 사과나무를 심는 일은 무너지는 세상 속에서도 끝까지 인간으로 남겠다는 자신과의 약속이다.

215

책상으로 가라.
책상에 머물러라.
책상에서 성공하라.

_윌리엄 매슈스

책상은 단순한 가구가 아니다. 그것은 재능이 의지로 바뀌는 장소이며, 생각이 결과로 번역되는 유일한 자리다. 영감은 어디서든 찾아오지만, 작업은 오직 책상에서만 완성된다. 산책하며 떠오른 아이디어도, 샤워하며 발견한 해답도, 책상 앞에 앉아 손을 움직이지 않으면 공중에 흩어져 사라진다. 책상은 꿈과 현실 사이의 다리이며, 그 다리를 건너는 사람만이 상상을 실체로 만들어낸다.

성공하는 사람과 실패하는 사람의 차이는 책상 앞에 진득이 앉아 있는 시간이다. 아마추어는 영감이 찾아오길 기다리며 자리를 비우지만, 프로는 영감이 오지 않는 날조차 책상에 자신을 결박한다. 하지만 책상에 머무는 것은 쉽지 않다. 산만함이 유혹하고, 핑계가 속삭이며, 게으름이 손짓한다. 이 모든 것을 이겨내는 힘은 거창하지 않다. 그냥 책상 앞에 다시 앉는 것이다.

성공에 복잡한 비결 따위는 없다. 감정의 기복에 휘둘리지 않고 그 자리를 사수하는 것, 영감의 유무와 상관없이 일단 일을 시작하는 것, 그 정직한 반복이 전부다. 재능은 도처에 널려 있으나, 책상 앞의 고독을 견뎌내는 인내는 매우 희귀하다. 그러니 망설이지 말고, 일단 책상 앞에 앉아라. 그 자리를 지키면, 결과는 반드시 따라온다.

완벽하게 명확해질 때까지
기다린 후에야 결정을 내리려는 사람은
절대 결정을 내리지 못한다.
삶을 받아들이려면,
후회 또한 받아들여야 한다.

_앙리 프레데리크 아미엘

완벽한 확신을 기다리는 태도는 신중함처럼 보이지만, 실은 삶을 미루는 방식에 가깝다. 모든 조건이 정렬되고 모든 가능성이 검토되는 순간은 좀처럼 오지 않는다. 인생의 결정들은 언제나 불완전한 정보와 불안한 마음 사이에서 내려지는 법이다. 명확함을 기다린다는 명분은 신중함의 표현을 넘어, 결정에 따르는 무게를 감당하지 않으려는 의도적인 유예에 불과하다.

모든 결정에는 필연적으로 손실이 따른다. 하나의 문을 여는 순간 다른 수만 가지 가능성의 문은 닫히며, 그 닫힘의 틈새에서 비져 나오는 허망한 공기가 바로 후회다. 그러나 후회는 잘못된 선택의 증거라기보다, 우리가 실제로 살아 움직였다는 흔적에 가깝다. 아무것도 잃지 않으려는 삶은 아무것도 얻지 못한 채 정지된다.

삶을 받아들인다는 것은 불완전한 선택과 그 뒤를 따라올 후회까지 기꺼이 껴안겠다는 결연한 태도다. 후회를 피하려는 사람은 삶을 피하게 되고, 후회를 감당할 준비가 된 사람만이 인생의 본문을 써 내려간다. 결정이란 나의 불완전함을 직시하고 그 결과에 대한 책임을 지겠다는 주체적 선택이기 때문이다.

인생은 고통과
지루함 사이를 오가는
시계추와 같다.

_아르투어 쇼펜하우어

삶은 언제나 한쪽 끝에 머물지 않는다. 고통이 극에 달하면 우리는 안식을 갈망하고, 평온이 오래 지속되면 다시 자극에 대한 욕망이 고개를 든다. 이 두 감정은 번갈아가며 인간을 흔들고, 그 진폭 속에서 하루하루가 지나간다. 인생은 고통과 지루함 사이를 끊임없이 왕복하는 운동에 가깝다.

고통은 우리를 몰아붙이고, 지루함은 우리를 무디게 만든다. 하나는 견디기 힘들고, 다른 하나는 견디기 어렵다. 사람들은 흔히 고통만을 불행이라 생각하지만, 아무 일도 일어나지 않는 시간 또한 영혼을 소리 없이 잠식한다. 지루함은 소리 없이 삶의 의미를 갉아먹으며, 우리가 왜 살아 있는지에 대한 이유조차 흐릿하게 만든다.

행복은 이 두 극단 사이의 짧은 균형점일 뿐이다. 고통에서 막 벗어난 순간의 안도, 권태 속에서 피어나는 소소한 설렘. 그 찰나가 우리가 행복이라 부르는 것이다. 쇼펜하우어의 통찰은 냉혹하지만 정직하다. 우리는 영원히 만족할 수 없으며, 삶은 완성되는 것이라기보다 흔들림 속에서 균형을 세워가는 일에 가깝다. 하지만 이것을 인정하는 순간, 우리는 영원한 행복이라는 환상에서 벗어나 지금 이 순간을 더 깊이 음미할 수 있다.

인생에서 무엇을 하든지,
당신과 논쟁할 수 있는
똑똑한 사람들과 함께하라.

_존 우든

나의 생각에 고개를 끄덕여주는 사람들 틈에 머무는 것은 달콤하지만 위험하다. 동의는 위안을 줄 뿐 성장을 가져다주지 않기 때문이다. 진정한 도약은 나의 한계를 지적하고, 논리를 해체하는 이들과의 충돌 속에서 일어난다. 그들과의 논쟁은 단순한 갈등을 넘어, 더 높은 진실을 향한 '지적 마찰'이다. 뛰어난 이들의 비판은 나의 오만을 깎아내고, 흐릿한 생각을 명징하게 벼려내는 가장 날카로운 숫돌이 된다.

똑똑한 이들과 함께한다는 것은 자신의 부족함을 드러낼 용기를 갖는 일이다. 무조건적인 지지는 나를 안주시킨다. 반면 치열한 논쟁은 나를 확장시킨다. 불꽃 튀는 대화 속에서 내 논리가 부서질 때, 더 넓은 세계를 수용할 공간이 생긴다. 생산적인 반박은 굴복을 목적으로 하지 않는다. 그것은 각자의 무지를 정직하게 마주함으로써 정답의 궤적을 함께 그려나가는 지적 교류다.

나의 확신에 의문을 던지고, 안일함을 뒤흔드는 사람들과 더 가까이 지내야 한다. 그들과의 대화가 때로는 시리고 피곤할지라도, 그 불편함이야말로 내가 올바른 방향으로 나아가고 있다는 가장 확실한 신호다. 최고의 유대는 서로의 지성을 자극하며 끝까지 논쟁할 수 있는 사람들의 결합이다. 궁극적으로 그런 관계 속에서 지성은 거듭 정교해지며, 선택은 흔들림 없는 자신만의 방향을 갖는다.

휴가의 목적은
쉴 시간을 갖는 것이다.

_틱낫한

우리에게 휴가는 흔히 '쉼'이 아닌 '성취'의 연장이 된다. 촘촘한 일정표를 따라 명소를 정복하고 사진을 남기는 분주한 유랑은, 쉬러 떠난 곳에서조차 본전을 뽑아야 한다는 효율성 강박의 발현이다. 생산성이 삶의 유일한 척도가 된 사회에서 아무것도 하지 않는 정적은 불안이자 죄악이 되었다. 안타깝게도 우리의 휴가는 장소만 바뀐 또 다른 형태의 노동으로 전락하곤 한다.

그러나 진정한 휴가는 소음을 비워내는 과정이다. 존재 그 자체로 머무는 법을 잊은 채 더 강렬한 경험으로 피로를 덮으려 할수록 영혼은 갈증을 느낀다. 자극을 걷어낸 뒤에야 비로소 마주하게 되는 고요, 그 어떠한 지향점도 두지 않는 머무름 속에서만 '나'라는 존재의 무게가 온전히 느껴지기 시작한다.

휴가는 지쳐 있던 감각을 원래의 자리로 되돌려 놓는 시간이다. 비워냄으로써 차오르는 이 역설적인 고요 속에서만, 우리의 인생은 비정상적인 가속을 멈추고 제 속도를 회복한다. 아무것도 성취하지 않아도 스스로를 괜찮다고 느낄 수 있을 때, 우리는 다시 삶을 살아갈 만큼의 여백을 되찾는다. 이 여백을 확보하는 것이 휴가의 본질이다.

핵심은 일정의 우선순위를 정하는 것이 아니라,
우선순위의 일정을 정하는 것이다.

_스티븐 코비

우리는 하루를 계획한다고 말하지만, 실상은 하루에 끌려다 닐 뿐이다. 일정표는 빽빽해져도 정작 중요한 것들은 늘 빠져 있다. 급한 일은 즉시 자리를 차지하나, 중요한 일은 매번 '시간이 생기면'의 영역으로 밀려난다. 하루를 분주하게 보내고도 이상하게 축적되는 것이 없다. 바빴을 뿐, 정작 삶의 중심에는 단 한 번도 닿지 못한 탓이다.

진정한 삶의 주인은 자신의 가치관을 먼저 일정표에 새긴다. 가족과의 시간, 자기 계발을 위한 독서, 미래를 위한 창의적 기획처럼 당장 급하지는 않지만 삶의 본질을 이루는 것들에 먼저 '시간의 영토'를 할애하는 것이다. 소중한 것을 먼저 배치하고 남은 틈새에 자잘한 일들을 채워 넣는 것, 이것이 바로 '우선순위의 일정을 정하는' 삶이다.

우리의 일정표는 가치관의 고백이다. 일정을 보면 그 사람이 무엇을 중요하게 여기는지가 드러난다. 아무리 입으로 가족이 중요하다고 말해도 일정표에 가족과의 시간이 없다면 그것은 거짓이고, 아무리 성장을 외쳐도 배움의 시간이 확보되지 않았다면 그것은 환상이다. 지금 내일의 일정표를 확인했을 때, 그 작은 칸에는 정말 소중하다고 말해온 것들이 먼저 자리하고 있는가? 우리가 중심을 세우지 않은 시간은 언제나 타인의 욕망을 채우는 가장 값싼 소모품으로 전락한다는 비참한 사실을 반드시 기억해야 한다.

나쁜 기분을 나쁜 말과 섞지 마라.
기분을 바꿀 기회는 많겠지만,
한 번 뱉은 말을 되돌릴 기회는
절대 얻지 못할 것이다.

_미상

감정은 순간이나 말은 흔적을 남긴다. 나쁜 기분은 시간이 지나면 옅어지지만, 그 기분에 실려 나온 말은 영원히 남아 관계의 결을 바꾼다. 우리는 종종 솔직함이라는 이름으로 마음속 불편을 쏟아낸다. 그 말은 상대에게 이유를 알 수 없는 상처가 될 뿐이다. 모든 감정이 정당하다고 모든 표현이 정당한 것은 아니다.

기분은 바뀔 수 있다. 잠시 숨을 고르고, 자리를 옮기고, 시간이 흐르면 마음의 파도는 자연스럽게 가라앉는다. 하지만 말은 다르다. 한 번 뱉어진 문장은 되돌릴 수 없고, 뒤늦은 해명이나 사과로도 완전히 지워지지 않는다. 감정의 배설을 위해 영원의 유대를 제물로 삼는 것만큼 어리석은 거래는 없다.

어른다움이란 감정을 충분히 느끼되 그것이 곧바로 말이 되지 않도록 멈출 줄 아는 능력이다. 감정과 말 사이에 생기는 그 짧은 여백이야말로 한 사람의 인격이 머무는 자리다. 그 잠깐의 침묵은 감정의 폭풍으로부터 소중한 관계를 지켜내겠다는 가장 능동적인 책임의 표현이다. 우리의 기분과 표현 사이에 약간의 거리를 만드는 사려 깊은 절제가 바로 우리가 도달해야 할 어른의 언어다.

어떤 것도 시도할 용기가 없다면
인생이 무슨 의미가 있겠는가?

_빈센트 반 고흐

무미건조한 생존과 뜨거운 삶을 가르는 결정적인 분수령은 오직 시도할 용기에 있다. 상처 입지 않으려 시도하지 않는 삶은 표면적으로 안전해 보일지 모르나, 실상은 그 자체로 서서히 마모되어가는 소멸의 과정일 뿐이다. 고흐가 불확실한 캔버스 위에 자신의 영혼을 짓이기듯 물감을 얹어 존재를 증명한 것처럼, 삶의 의미는 불가능해 보이는 무언가에 자신을 헌신하는 역동적인 행위 속에서 선명하게 태동한다.

인생에서 도약을 가로막는 것은 시도하지 않는 안온함 속에 침전하려는 영혼의 관성이다. 진정한 용기는 덮쳐오는 불안보다 더 고귀한 생의 목적이 내 안에 있음을 믿고 기꺼이 발을 내딛는 집요한 결단에서 발현된다. 비록 서툴고 투박할지라도 무언가를 향해 손을 뻗는 그 무모한 시도들이 켜켜이 쌓일 때, 무채색이었던 일상은 자신만의 독창적인 예술 작품으로 빚어지기 시작한다.

삶의 본질은 완성이 아니라 시도하는 과정 그 자체에 있다. 완벽하게 준비된 순간은 결코 오지 않으며, 확신이 충만해질 때를 기다리는 동안 삶은 이미 흘러가버린다. 지금 이 순간, 두려움에 떨리는 그 마음을 그대로 안고서라도 한 걸음 내디뎌라. 그 서툰 첫걸음이야말로 아직 쓰이지 않은 인생의 다음 문장을 여는 무엇보다 용감한 시작이다.

오늘부터 만나는 모든 사람을 자정이 되면
죽을 것처럼 대하세요. 그들에게 당신이 끌어낼 수
있는 모든 관심과 친절과 이해를 베풀고
어떤 보상도 생각하지 말고, 그렇게 해보세요.
그러면 당신의 삶은 다시는 예전 같지 않을 것입니다.

_오그 만디노

삶의 유한함을 직시하는 것은 타인을 대하는 태도를 근본적으로 뒤흔든다. 이는 단순히 친절해지라는 권유가 아니라, 상대의 영혼에 새겨진 '마지막'이라는 거부할 수 없는 숙명을 인지하라는 실존적 명령이다. 타인을 곧 사라질 별처럼 응시하라. 오만과 분노는 설 자리를 잃고, 그 빈자리는 순수한 다정함으로 채워진다.

내일이라는 허상을 걷어내면 계산적인 인간관계는 힘을 잃는다. 무언가를 더 얻어내려는 욕망이 멈춘 자리에서 인간 대 인간의 고결한 마주침이 시작된다.

이런 태도로 하루를 살아낸 이의 삶은 결코 예전과 같을 수 없다. 세상은 더 이상 정복하거나 견뎌야 할 대상이 아닌, 찰나의 빛을 공유하는 소중한 동행자들의 무대로 변모하기 때문이다. 보상이라는 족쇄에서 해방된 친절은 주변의 공기를 정화하고, 그 선한 파동은 나 자신의 평온으로 되돌아온다. 죽음이라는 가장 날카로운 배경을 등지고 서서 사랑을 실천할 때, 우리는 비로소 삶의 본질을 움켜쥐게 된다.

교육의 위대한 목적은
지식이 아니라 행동이다.

_허버트 스펜서

교육의 위대한 목적은 지식을 넘어서는 행동이다. 아무리 거창한 진리를 머릿속에 담고 있어도, 그것이 발걸음의 방향을 바꾸지 못한다면 그 지식은 박제된 표본에 불과하다. 앎은 그 자체로 목적이 될 수 없으며, 오직 삶이라는 현장에서 증명될 때 본질의 가치를 획득한다. 진정한 배움이란 어제와 다른 선택을 내릴 수 있는 실천적 용기를 기르는 과정이다.

지식의 유희에 빠진 정신은 종종 실천의 무거움을 회피하려 한다. 수많은 책을 읽고 철학을 논하면서도 일상의 비겁함 하나 고치지 못한다면, 그 지식은 자아를 치장하는 화려한 장신구일 뿐이다. 교육의 참된 목적은 손발을 움직이게 하는 데 있다. 스스로 찾아낸 진리가 삶의 문법이 되어 행동으로 번역될 때, 우리는 관념의 동굴 밖으로 나와 생동하는 인간으로 존재하게 된다.

지식은 행동을 위한 도구일 때 가장 빛난다. 우리가 배우고 사유하는 이유는 더 많이 이해에 국한되지 않고, 더 나은 존재로 살아가기 위해서다. 머리로 이해한 진리가 가슴을 통과해 손끝의 실천으로 이어지는 그 순간에 교육은 완성된다. 지식을 삶으로 치환하는 부단한 노력이 뒷받침될 때, 마침내 우리의 배움은 죽은 문자가 아닌 생생한 삶의 역사가 된다.

기회는 언제나 강력하다.
그러니 낚싯바늘을 항상 던져 두어라.
가장 기대하지 않은 곳에서
물고기를 잡게 될 것이다.

_오비디우스

기회는 예고 없이 찾아온다. 그것은 준비된 사람에게만 모습을 드러내는 새침한 손님이다. 오비디우스의 조언은 언제 올지 모를 순간을 위해 삶의 감각을 깨워두라는 지극히 현실적인 요청이다. 기회는 수동적으로 기다리는 자에게보다, 끊임없이 시도하는 자의 일상 속에서 우연하게 발견된다.

대부분의 사람은 확신이 선 뒤에야 움직이려 든다. 성공이 보장될 때 도전하고, 가능성이 숫자로 증명될 때 행동한다. 그러나 그런 식으로는 절대 기회를 낚아챌 수 없다. 기회는 이미 계산이 끝난 자리에는 절대 도착하지 않기 때문이다. 그것은 아직 불확실하고 투박하며, 별 의미 없어 보이는 무명의 시간들 속에 숨어 있다.

인생의 거대한 전환점은 언제나 예상 밖의 좌표에서 터져 나온다. 무심히 이어온 공부, 대가 없이 쌓아온 관계, 지루하게 반복한 성실함이 어느 날 갑자기 막연해 보였던 생의 문을 여는 열쇠가 된다. 핵심은 언제든 기회를 붙잡을 수 있도록 정비된 태도 그 자체다. 그렇게 낚싯바늘을 던져 둔 삶은 빈 시간을 허비하지 않는다. 이는 우연조차 필연으로 뒤바꾸는, 세상에서 가장 차분하지만 동시에 압도적인 전략이다.

희망은 절대 당신을 버리지 않는다.
당신이 희망을 버릴 뿐이다.

_조지 와인버그

사람들은 상황이 나빠져 희망이 사라졌다고 말한다. 희망은 최악의 조건 속에서도 묵묵히 제 자리를 지킨다. 그것은 바람에 꺼지는 촛불이 아니다. 우리가 스스로 눈을 감아 외면할 뿐, 늘 그 자리에서 빛나는 밤하늘의 별이다. 희망이 우리를 떠날 수는 없다. 우리가 절망이라는 익숙한 그늘 속으로 도망치며 그 손을 먼저 놓아 버릴 뿐이다.

희망은 끝까지 고수하는 의지다. 외부의 시련이 아무리 거세도 그것이 우리 내면의 희망을 강제로 앗아갈 수는 없다. 희망의 소멸은 언제나 내부의 결단에서 시작된다. "더 이상 안 될 것 같다"는 스스로의 선언이 희망을 잠재울 뿐이다. 희망의 주권은 언제나 나에게 있다. 내가 포기하지 않는 한, 희망은 가장 비참한 상황에도 내 곁을 지키는 가장 충직한 동반자로 남는다.

희망을 품는다는 것은 어떤 순간에도 나 자신을 포기하지 않겠다는 단호한 자기 신뢰다. 삶이 우리를 벼랑 끝으로 몰아세울 때조차 희망이라는 마지막 보루를 붙들고 있다면, 우리는 결코 무너지지 않는다. 희망은 지켜내는 것이며, 그 지켜낸 별빛이 우리를 다시 살게 한다.

두려움은 미신의 주요 원천이자
잔인함의 주요 원인 중 하나이다.
그러므로 두려움을 정복하는 것이 지혜의 시작이다.

_버트런드 러셀

보이지 않는 위협에 대한 공포는 인간의 이성을 마비시키고, 그 빈자리를 허구적인 믿음과 배타적인 증오로 채운다. 우리가 타인에게 잔인해지거나 비논리적인 미신에 매달리는 이유는 본질적으로 스스로를 보호할 힘이 없다는 불안에서 기인한다. 두려움에 압도된 정신은 진실을 직시하기보다 편리한 거짓 뒤에 숨기를 선택하며, 그 과정에서 인간성의 고결함을 훼손한다.

지혜는 내면을 잠식한 공포의 실체를 다정하고도 객관적인 시선으로 바라보는 용기에서 출발한다. 우리가 추구하는 정복은 두려움이 아예 사라진 상태를 의미하지 않는다. 두려움이 나를 지배하도록 방치하지 않고, 그것을 사유의 통제 아래 두는 주체적인 힘을 의미한다.

지혜로운 자는 자신의 두려움을 응시하며 그 뿌리를 파헤치는 사람이다. 두려움의 정체를 파악하고 나면, 그것이 쥐고 있던 잔인함의 칼날과 미신의 눈가리개는 힘을 잃고 떨어진다. 외부의 위협보다 무서운 것은 두려움에 굴복해 스스로의 영혼을 좁히는 일이다. 공포라는 감옥의 문을 열고 나서면, 타인을 향한 다정한 연민과 진리를 향한 명석한 시야가 열린다. 생을 단단하게 지탱하는 지혜의 본령은 바로 여기에 있다.

사람이 성숙해지는 속도는 그가 견딜 수 있는
당혹감의 정도에 정비례한다.

_미상

사람은 당혹감을 피하며 성장하지 않는다. 삶은 우리가 준비되지 않은 순간에 질문을 던지고, 설명할 수 없는 상황 속에 우리를 세워둔다. 말문이 막히고, 판단이 흔들리고, 스스로가 낯설어지는 그 순간들이야말로 성숙의 출발점이다. 당혹감은 실패의 징후가 아닌, 이전의 세계관이 더 이상 작동하지 않는다는 신호다.

대부분의 사람은 이 불편함을 견디지 못한다. 급히 변명을 찾고, 누군가를 탓하고, 상황을 단순한 옳고 그름으로 재단해버린다. 그렇게 하면 마음은 빨리 안정되지만, 발전은 멈춘다. 당혹감을 서둘러 정리하는 사람은 자신을 지킬 수는 있어도, 자신을 넓히지는 못한다.

반대로 성숙한 사람은 당혹스러운 순간을 서둘러 밀어내지 않는다. 이해되지 않는 감정 앞에 잠시 머물고, 확신이 무너진 자리에 함부로 결론을 세우지 않는다. "내가 아직 모른다"는 사실을 견디는 힘, 그 유예의 시간 속에서 사고는 깊어지고 인간은 확장된다. 성숙은 혼란을 오래 품을 수 있는 사람에게서 자란다.

당혹감이란 우리의 내면을 다시 재편하도록 요구하는 삶의 통지서다. 그 통지를 외면하지 않고 끝까지 읽어내는 사람만이, 이전보다 한 단계 넓어진 자신으로 나아간다. 성숙은 나이를 따라오지 않는다. 대신 당혹을 견딘 만큼만, 정직하게 우리 안에 쌓여간다.

229 **우정은 언제나 달콤한 책임이지,
결코 기회가 아니다.**

_칼릴 지브란

우리는 종종 의도치 않게 우정을 필요에 의한 정서적 교환이나, 삶의 공백을 메워주는 기능적 관계로 오해하곤 한다. 그러나 진정한 우정은 상대를 자신의 감정이나 상황을 위한 수단으로 전락시키지 않는다. 그것은 누군가의 존재 자체를 온전히 받아들이고, 그 삶의 무게를 함께 나누겠다는 자발적인 서약이다. 우정이라는 이름 아래 묶인 두 영혼 사이에는 이해타산이 끼어들 자리가 없다.

'달콤한 책임'이라는 역설적인 표현은 우정의 가장 아름다운 속성을 드러낸다. 책임은 대개 무겁고 버거운 것이지만, 사랑과 신뢰가 바탕이 된 책임은 기쁨이 된다. 친구의 고독을 보듬고, 그의 기쁨을 내 것처럼 축하하는 일은 우정의 깊이만큼 자연스럽게 우러나오는 마음의 발현이다. 이 기분 좋은 구속을 수용하면, 타인을 통해 나 자신의 세계가 확장되는 신비로운 경험이 시작된다.

궁극적으로 우정은 나를 완성하는 과정이다. 상대를 내 삶의 편의를 위한 배경으로 두는 순간 우정은 본질을 잃으며, 오직 상대를 향한 책임감을 끝까지 고수할 때 영원함을 얻는다. 서로의 삶에 정직한 목격자가 되어주고, 조건 없는 지지자가 되어주는 것. 그 달콤한 책임을 다하는 시간 속에서 우리의 영혼은 고결한 향기를 내뿜는다.

우리는 자만심 때문에 늘 자신을 속이고 있다.
그러나 평범한 양심의 표면 아래 깊은 곳에서
조용하고 작은 목소리가 우리에게 무언가
어긋나 있다고 말하고 있다.

_카를 융

겉으로 드러난 양심은 언제나 조용하다. 사회가 허락한 말과 규칙 속에서는 스스로를 나쁘지 않은 사람으로 유지하는 일이 그리 어렵지 않다. 하지만 그 표면 아래, 의식이 닿지 않는 깊은 곳에서는 다른 목소리가 존재한다. 크지도 선명하지도 않지만 이상할 만큼 정확한 감각, 설명할 수는 없어도 무언가 어긋났다는 사실만은 분명히 아는 내면의 신호다. 안타깝게도 우리는 이 신호를 관성적으로 외면한다.

그러나 그 목소리는 사라지지 않는다. 외면할수록 더 은밀하게 남아 삶의 균열을 통해 모습을 드러낸다. 이유 없는 불안, 반복되는 후회, 설명되지 않는 공허함은 대부분 그 신호를 오래 무시한 결과다. 양심은 스스로를 잃지 말라는 마지막 경고에 가깝다.

본연의 성찰은 자만심을 벗어나 자신을 미화하는 데서 시작되지 않고, 스스로를 속일 수 있다는 사실을 겸허히 인정하는 순간부터 가능해진다. 자만심이 벗겨진 자리에서, 그 작고 조용한 목소리는 다시 또렷해진다. 그 목소리에 귀 기울이면 우리는 조금 덜 위선적인 사람으로, 조금 더 진실한 방향으로 나아갈 수 있다.

나 자신을 위한 빵은 물질적인 문제이다.
하지만 내 이웃을 위한 빵은
영적인 문제이다.

_니콜라이 베르댜예프

나 자신을 위한 빵은 물질적인 문제이다. 그것은 생명을 유지하기 위한 본능적 요구이며, 결핍을 채우려는 생물학적 투쟁에 가깝다. 그러나 내 이웃을 위한 빵은 영적인 문제이다. 나의 허기를 달래는 것을 넘어 타인의 고통에 응답하려는 마음이 생겨나고, 그 순간 우리는 물리적인 세계의 질서를 초월하기 시작한다. 나눔은 타인의 생존을 나의 책임으로 받아들이는 진실된 영혼의 결심이다.

이 선택은 결코 당연하게 발현되는 미덕이 아니다. 이웃을 위한 빵은 언제나 나의 몫을 줄이는 결정이며, 그래서 인간의 본능과 끊임없이 충돌한다. 그럼에도 불구하고 그 방향을 택하는 순간, 인간은 단순히 살아남는 존재에서 살아야 할 이유를 품은 존재로 변화한다. 그렇게 영적인 의지는 손에 쥔 빵을 어떻게 사용할 것인가를 결정하는 구체적인 태도 속에서 형성된다.

인간의 존엄은 얼마나 소유했는가를 넘어서, 그 소유를 기꺼이 나눌 수 있는가에서 드러난다. 나만의 생존에 머무를 때 삶은 닫히지만, 타인의 삶까지 품는 순간 인간은 자신을 넘어선다. 결국, 이웃을 위한 빵은 인간이 인간으로 남겠다는 겉으로는 드러나지 않지만 가장 깊은 약속이다.

**진실은 때때로 당신의 뺨을 때릴 수도 있지만,
결코 뒤에서 당신의 등을 찌르지는 않는다.**

_미상

진실은 언제나 조심스럽지 않다. 그것은 예고 없이 다가와 우리의 확신을 무너뜨리고, 스스로에 대해 품고 있던 온화한 환상을 단번에 깨뜨린다. 그 순간의 충격은 마치 뺨을 맞는 것처럼 노골적이고 쓰라리다. 그러나 그 고통에는 기만이 없다. 진실은 늘 얼굴을 마주한 채 다가오기 때문이다.

진실이 매정하게 느껴지는 까닭은 그것이 우리를 배려하지 않아서가 아니다. 진실은 단지, 우리가 스스로에게 들려주는 달콤한 변명을 받아들이지 않을 뿐이다. 우리는 매일같이 납득할 수 있는 이유를 만들고, 견딜 수 있는 얼굴로 자신을 꾸민다. 그러나 진실은 그 모든 허구의 틈을 조용히 가로지른다. 그리고 묻는다. 너는 지금, 진실을 피하고 있지는 않은가.

거짓은 다르다. 거짓은 늘 부드러운 언어를 두르고 다가와 우리를 안심시킨다. 상처 주지 않겠다는 얼굴로 다가와, 등을 돌리게 만들고, 그 틈에서 가장 깊은 신뢰를 날카롭게 찌른다. 거짓의 상처는 늦게 발견되지만, 회복은 오래 걸린다.

진실의 본질에는 아픔이 있음에도 우리가 견디는 이유는 단 하나다. 그것만이 인간을 속이지 않기 때문이다. 진실은 기대를 저버릴 순 있어도, 결코 우리의 존재를 배신하지 않는다. 그 가혹한 정직함이야말로 세상이 당신에게 건네는 가장 투박한 사랑이다.

가르치는 것은 대부분 듣는 것이고,
배우는 것은 대부분 말하는 것이다.

_데보라 마이어

우리는 흔히 가르침을 지식을 쏟아붓는 일방적인 전달이라 오해하지만, 진정한 교육은 상대의 내면에서 무엇이 꿈틀거리는지를 세밀하게 경청하는 침묵에서 시작된다. 스승의 역할은 정답을 주입하는 것을 넘어, 학생이 자신의 언어를 오롯이 찾을 수 있도록 인내하며 그 울림을 들어주는 것이다. 가르치는 자가 귀를 열 때, 배우는 자의 가능성은 비좁은 교실을 넘어 확장되기 시작한다.

배움은 나의 목소리를 세상 밖으로 꺼내어 다듬는 자신만의 갈무리다. 듣기만 하는 수동적 배움은 지식의 축적에 불과하지만, 스스로 말하는 배움은 지식의 체화가 된다. 배우는 사람이 자신의 생각과 의문을 입 밖으로 내뱉는 순간, 모호했던 지식은 마침내 단단한 자신의 철학으로 정립된다.

가르침과 배움은 서로의 자리를 바꾸는 겸손과 용기의 조화로운 맞물림이다. 가르치는 자는 자신의 지식을 비워 상대의 이야기를 담을 공간을 만들고, 배우는 자는 자신의 미숙함을 무릅쓰고 정직한 자기 언어를 세상에 내놓는다. 이 역설적인 순환 속에서 지식은 죽은 문자가 아닌 살아있는 지혜로 거듭난다.

사회는 왜 아이들의 교육에만 책임을 느끼고, 모든 연령대 성인들의 교육에는 책임을 느끼지 않는가?

_에리히 프롬

사회가 성인의 교육에 무관심한 이유는, 일정한 나이에 도달하면 인격과 사고력이 완성된다고 믿는 착각 때문이다. 배움은 성장의 조건이기보다 과거의 이력으로 취급되고, 이후의 정체는 더 이상 공동의 문제로 다뤄지지 않는다.

안타깝게도 사회는 성인의 무지에 책임지려 하지 않는다. 이미 충분히 나이 들었다는 이유로, 스스로 선택할 수 있다는 이유로, 배움의 사각지대에 그들을 방치한다. 성인은 성장하지 않은 채 늙어가고, 고정된 사고는 굳어 왜곡된 신념이 되며, 그 그릇된 신념은 타인과의 소통을 가로막는 장벽으로 변한다.

프롬이 던진 질문은 교육의 철학을 묻는다. 교육을 준비의 단계로만 이해하는 사회는, 평생 변화해야 하는 인간의 본질을 외면한다. 인간은 나이로 완성되지 않는다. 끊임없이 배우지 않는 성인은 성숙해지지 못하고, 단지 시간 속에서 굳어진 아이로 남을 뿐이다.

진정한 교육의 책임은 성인에게서 시작된다. 성인이 계속 배우는 사회만이, 다음 세대에게 배움의 의미를 증명할 수 있다. 교육이 멈춘 사회는 삶의 근간이 되는 성찰을 잃고, 성찰을 잃은 사회는 멈춘 사고를 전통이라는 이름으로 고통스럽게 반복할 뿐이다.

X

On your journey to your dream, be ready to face oasis

and deserts. In both cases, don't stop.

_Paulo Coelho

꿈을 향한 여정에서 오아시스와

사막 모두를 만날 준비를 하라.

어느 경우에도 멈추지 마라.

파울로 코엘료

No winter lasts forever; no spring skips its turn.

어떤 겨울도 영원하지 않고,

어떤 봄도 순서를 건너뛰지 않는다.

위선자란 자신에게는 적용하기를 거부하는 기준을 남에게 적용하는 사람들이다.

_노엄 촘스키

위선은 거짓말에서 시작되지 않는다. 그것은 '비대칭적인 기준'에서 시작된다. 누구나 선(善)을 말할 수 있지만, 그 선이 나를 평가하는 잣대가 될 때 그것은 진실로 증명된다. 위선자는 바로 그 증명의 문턱에서 멈춘다. 그는 타인을 향한 기준은 엄격하게 고수하되, 그 잣대가 자신을 향하는 순간 교묘하게 각도를 비튼다.

위선이 무지보다 위험한 까닭은 그것이 지극히 선택적이기 때문이다. 위선자는 무엇이 옳은지 모르는 사람이 아니라, 그것을 자신에게 유리한 방향으로만 적용하는 사람이다. 그의 말은 논리적으로 틀리지 않을 수 있지만, 그 판단은 언제나 자신을 비켜간다.

진정한 인격은 기준의 일관성에서 드러난다. 타인에게 들이대는 서슬 퍼런 원칙이 나의 과오 앞에서도 동일한 무게로 작동할 때, 기준은 그제야 판단을 넘어, 책임의 영역으로 들어선다. 자신을 예외로 두지 않는 그 정직한 대면 속에서, 비겁한 면책 특권은 사라지고 한 인간의 고유한 존엄이 고개를 든다. 그렇게 안팎의 경계가 사라진 정직한 삶 위에, 우리의 언어는 위선의 그림자를 벗어나 삶을 떠받치는 실존적 토대를 세운다.

인생은 안전하지 않다. 따라서 우리의 임무는
아이들에게 험난한 일이 없을 것이라고 약속하는
것이 아니라, 험난한 시기가 오면 우리 모두 손을 잡고
함께 이겨낼 수 있다는 확신을 심어주는 것이다.

_글레넌 도일 멜턴

인생은 본래 안전한 길이 아니다. 세상은 끊임없이 변화하며, 예기치 못한 폭풍은 예고 없이 찾아온다. 그럼에도 우리는 아이들에게 종종 아무 일도 일어나지 않을 것처럼 말한다. 괜찮을 거라고, 걱정할 필요 없다고, 세상은 생각보다 친절하다고 안심시킨다. 하지만 그 말들은 아이를 지켜주는 약속이 되기보다는, 언젠가 다가올 현실 앞에서 더 큰 혼란을 남기기도 한다.

진짜 어른의 역할은 위험을 부정하는 데 있지 않다. 삶에는 피할 수 없는 험난한 시기가 존재한다는 사실을 숨기지 않되, 그 시간을 혼자 견디게 하지 않겠다는 확신을 전하는 데 있다. 넘어지지 않게 해주겠다는 약속보다, 넘어질 때 곁에 있겠다는 약속이 더 오래 아이를 지탱한다.

아이에게 필요한 것은 완벽한 보호보다 흔들림 없는 신뢰다. 세상이 거칠게 흔들릴 때에도 누군가는 손을 놓지 않을 것이라는 믿음, 고통이 와도 고립되지는 않을 것이라는 감각. 그 확신이 있을 때 아이는 두려움 속에서도 다시 일어설 힘을 얻는다. 결국 아이를 성장시키는 것은 고난을 함께 통과할 동반자가 있다는 안도감이다. 서로의 체온을 믿고 어둠을 지나온 기억은 훗날 아이가 타인의 고통에도 기꺼이 손을 내미는 성숙한 어른으로 자라게 하는 가장 견고한 삶의 중심이 될 것이다.

사자가 이끄는 토끼 군대는
토끼가 이끄는 사자 군대를 물리칠 것이다.

_아랍 속담

조직의 승패는 구성원 개개인의 물리적 힘보다 그들을 이끄는 리더의 정신적 기백에 더 큰 영향을 받는다. 사자의 심장을 가진 리더는 두려움에 떨던 토끼들에게 용기를 불어넣어 야수로 탈바꿈시키지만, 토끼의 심장을 가진 리더는 사자처럼 용맹한 이들조차 망설임과 무기력의 늪으로 침몰시킨다.

리더십은 단순한 지휘에 국한되지 않는 '전염되는 영혼'의 파동이다. 리더가 위기 앞에서 사자처럼 당당할 때, 그 기상은 조직 전체의 혈관을 타고 흘러 불가능해 보이던 승리를 쟁취하게 한다. 반면, 리더가 비겁함과 안일함에 빠져 있다면 아무리 뛰어난 인재들이 모여 있어도 그 집단은 오합지졸에 불과하다. 리더의 심장 박동은 조직 전체를 깨우는 격동의 북소리가 된다.

한 시대를 돌파하고 역사를 바꾸는 힘은, 다수의 평범함을 비범한 용기로 일깨워 응집시키는 강인한 리더십에서 솟아난다. 리더가 먼저 자신을 맹렬한 결기로 무장하고 험난한 시대를 정면으로 응시할 때, 그 기개에 동화된 구성원들은 각자의 두려움을 떨치고 저마다 승리의 주역으로 거듭난다. 이렇듯 리더의 기개는 집단의 운명을 바꾸는 유일한 열쇠이며, 야수의 심장으로 무장한 집단은 세상의 그 어떤 조롱과 광풍 속에서도 기어이 승리의 깃발을 꽂는다.

울지 않는 지혜로부터, 웃지 않는 철학으로부터,
그리고 아이들 앞에서 고개 숙이지 않는
위대함으로부터 나를 멀리하게 하소서.

_칼릴 지브란

진정한 지혜는 타인의 슬픔을 내 것처럼 느끼는 연민의 토양에서 자란다. 슬픔을 모르는 지식은 차가운 계산일 뿐이며, 인간의 고뇌를 외면한 지혜는 영혼 없는 문자에 불과하다. 생의 비애를 껴안고 비통함에 젖을 줄 아는 마음만이 메마른 세상에 온기를 불어넣고, 죽어가는 가치들에 다시금 생명력을 부여한다.

웃음이 거세된 철학은 삶을 억압하는 교리로 전락한다. 높은 경지의 사유는 삶의 굴곡과 모순 앞에서도 해학의 여유를 잃지 않는 법이다. 경직된 엄숙함에 갇힌 진리는 인간을 보듬지 못한 채 사념의 감옥에 유폐시킨다. 즐거움을 상실한 철학은 삶을 풍요롭게 하기보다 도리어 삶의 생동감을 앗아갈 뿐이다.

위대함의 본질은 군림이 아닌 자신을 낮추는 겸양에 있다. 아이들 앞에서 고개를 숙이지 못하는 오만은 진정한 위대함과는 거리가 멀다. 가장 작은 존재 앞에서도 무릎 꿇을 줄 알고, 순수한 영혼이 던지는 물음 앞에서 자신의 모든 지식을 내려놓으며, 배움에 끝이 없다는 사실을 겸허히 인정하는 것. 그것이 진정한 위대함이다.

울지 않는 지혜와 웃지 않는 철학, 그리고 낮아지지 못하는 위대함은 온기를 잃은 채 남은 껍데기에 불과하다. 진정한 삶은 눈물과 웃음과 겸손이 어우러진 곳에 있으며, 그 속에서만 우리는 온전한 인간으로 살아갈 수 있다.

양서를 읽지 않는 사람은 글자를 읽지 못하는 사람보다 나을 것이 없다.

_마크 트웨인

마크 트웨인의 경고는 단순히 독서 권장을 넘어, 인간이 정신의 지평을 넓히지 않을 때 마주하게 될 실존적 퇴보를 겨냥한다. 읽을 능력이 있음에도 양서를 멀리하는 자는, 정보의 홍수 속에서 자신의 방향을 잃은 채 타인의 생각에 무기력하게 의존하는 지적 문맹의 길을 자처하는 것이다.

양서는 시대를 초월한 거장들의 정신이 응집된 용광로다. 우리는 책을 통해 시공간의 한계를 넘어 수천 년의 지혜와 대화하고, 평범한 일상의 틈새에서 거대한 진리의 편린을 발견한다. 반대로 양서를 읽지 않는 삶은 자신의 짧은 경험을 세상의 전부로 착각하며, 스스로 만든 좁은 인식의 틀 안에 갇히는 결과를 초래한다. 읽기를 멈추는 순간, 비판적 시각을 잃은 정신은 세상이 주입하는 가공된 정보와 선동 앞에 무방비하게 노출되고 만다.

독서는 거인의 어깨 위에 올라서서 세상을 정면으로 응시하는 주체적인 결단이다. 문맹은 지식의 부재를 뜻하지만, 양서를 읽지 않는 나태함은 성장의 포기를 의미한다. 양서를 펼치는 순간, 우리는 고착된 편견의 껍질을 깨고 나와 더 넓은 세계와 조우하게 된다. 정신의 주권을 지키고 삶의 본질을 꿰뚫는 혜안을 얻고자 한다면, 책장에 꽂힌 거장들의 목소리에 기꺼이 당신의 시간을 내어주어야 한다.

시간과 건강은 고갈될 때까지 인식하지도 감사하지도 못하는 두 가지 소중한 자산이다.

_데니스 웨이틀리

인간은 결핍을 통해서만 존재의 무게를 체감하는 역설적 존재다. 시간과 건강은 삶을 지탱하는 근본적인 축이지만, 풍요로울 때 우리는 이를 자산이 아닌 배경으로 치부한다. 산소가 희박해진 뒤에야 폐부가 비명 지르듯, 시간이 저물고 육신이 허물어질 때, 그제야 상실한 것들이 생의 전부였음을 뼈아프게 복기한다. 안타깝게도 가치는 늘 소멸의 문턱에서야 가장 선명한 얼굴로 우리를 마주한다.

건강은 모든 성취의 전제이며, 시간은 그 성취를 빚어내는 유일한 원료다. 그러나 우리는 욕망을 채우기 위해 건강을 담보 잡고, 영원히 살 것처럼 시간을 허비하는 오판을 반복한다. 무너진 성벽 위의 장식이 무의미하듯 건강을 잃은 부는 허망하며, 지나간 시간 뒤의 후회는 되돌릴 수 없는 파산 선고와 같다.

지혜란 더 많은 것을 얻기 위한 기술이 아니라, 이미 가진 것을 잃기 전에 알아보는 감각이다. 시간과 건강을 미래의 문제로 미루지 않고 오늘의 책임으로 끌어안는 순간, 삶은 소모가 아닌 축적의 방향으로 선회한다. 아직 숨이 가쁘지 않을 때 삶의 리듬을 가다듬고, 시간이 남아 있을 때 삶의 우선순위를 바로 세우는 사람만이, 상실이 아닌 자각을 통해 존재의 무게를 감당할 수 있다.

241 사람들은 자신의 고통을 놓아주기를 어려워한다.
미지의 것에 대한 두려움 때문에,
그들은 차라리 익숙한 고통을 택한다.

_틱낫한

인간은 변화의 희망보다 정체의 평온함을 본능적으로 신뢰한다. 비록 지금의 삶이 고통스러울지라도, 그것이 매일 마주하는 익숙한 무게라면 우리는 그것을 일종의 '삶의 조건'으로 받아들이며 안주한다.

인간의 정신은 변화를 향한 도약보다 상태를 유지하려는 관성에 더 강력하게 지배당한다. 고통을 움켜쥐고 있는 이유는 그 무게가 이미 통제 가능한 상수로 고착되었기 때문이다. 우리는 고통이라는 낡은 질서가 주는 기묘한 안전을 선택하며 생존의 관성을 유지한다.

그러나 삶은 견디는 기술로 완성되지 않는다. 고통에 익숙해졌다는 사실은 단지 더 깊이 길들여졌다는 고백일 뿐이다. 본질적 변화는 고통을 삶의 조건으로 받아들이기를 멈추는 순간부터 시작된다. 익숙한 불행을 떠나는 선택은 두렵지만, 그 두려움 너머에만 인간이 본래 누려야 할 자유와 회복의 가능성이 존재한다. 익숙한 고통 속에서 안주하는 것은 천천히 죽어가는 것이며, 진정으로 살고 싶다면 우리는 그 익숙함을 떠나 낯선 자유를 향해 걸어가야 한다.

다른 사람이 말하고 있는 도중에
끼어드는 것보다 더 무례한 일은 없다.

_존 로크

타인의 말을 가로막는 행위는 상대의 존재를 부정하는 정서적 폭력에 가깝다. 말이란 한 개인의 사유와 감정이 응축되어 밖으로 흘러나오는 영혼의 갈래다. 그 흐름을 도중에 끊어버리는 것은 상대가 공들여 지은 사유의 집을 허물고, 그의 언어가 도달하려던 목적지를 강제로 폐쇄하는 것과 같다. 끼어듦은 "당신의 생각보다 내 판단이 더 중요하다"는 오만한 선언이며, 대화를 교류가 아닌 정복의 수단으로 전락시킨다.

진정한 대화는 상대의 목소리가 온전히 머물 수 있는 빈 공간을 마련해 주는 인격에서 완성된다. 침묵하는 시간은 절대 수동적인 멈춤이 아니다. 그것은 타인의 세계가 내 안으로 온전히 들어올 수 있도록 경계를 열어두는 능동적인 환대다. 상대의 문장이 마침표를 찍을 때까지 기다려 주는 인내야말로, 인간이 인간에게 보낼 수 있는 가장 정중한 경의이자 성숙한 자아를 증명하는 징표다.

타인의 말을 끝까지 듣는 태도는 그 사람의 인격적 주권을 존중하겠다는 무언의 약속이다. 세상을 향해 일방적인 독백만을 쏟아내는 자는 고립된 섬이 될 뿐이지만, 타인의 언어를 끝까지 담아낼 줄 아는 자는 수많은 타자의 지혜가 모여드는 거대한 바다가 된다. 경청은 타인을 온전히 긍정하는 응답이자, 자신의 세계를 확장하는 영리한 겸손이다.

명예 없는 성공은 양념 없는 음식과 같다.
배고픔은 달래주겠지만 맛은 좋지 않을 것이다.

_조 퍼터노

성공이 단순히 세속적인 욕망의 허기를 채우는 수단에 그친다면, 그것은 생존을 위한 영양 섭취 이상의 의미를 갖지 못한다. 수단과 방법을 가리지 않고 쟁취한 결과물은 당장의 갈증은 해소해줄지 모르나, 정작 그 성취를 누리는 주체의 영혼에는 아무런 기쁨을 주지 못한다. 명예가 결여된 성공은 풍미 없는 음식처럼 무미건조하며, 시간이 흐를수록 자부심 대신 비굴한 함구만을 남긴다.

정당한 땀과 도덕적 원칙이 깃든 성공은 스스로를 대견하게 여기는 '자기 존중'이라는 최상의 풍미를 선사한다. 반면, 명예를 저당잡히고 얻은 승리는 타인의 박수 속에서도 스스로를 냉소하게 만드는 공허한 축제일 뿐이다. 명예라는 양념이 빠진 성취는 탐욕의 흔적일 뿐이며, 그 자리에 남는 것은 추락에 대한 막연한 불안과 도덕적 허기다.

명예는 성공의 뒤에 붙는 장식품이 아닌, 성취라는 그릇을 가득 채우는 본질적인 맛이자 품격이다. 아무리 화려한 식탁이라도 떳떳함이라는 맛이 빠져 있다면, 그저 배고픔을 달래기 위한 처절한 몸부림에 불과하다. 진정으로 탁월한 사람은 단순히 배부른 승리자가 되기보다, 자신의 성취를 떳떳하게 음미할 수 있는 고결한 미식가가 되기를 자처한다. 그렇게 성취는 허기를 채우고, 명예는 영혼을 채운다.

244 진정성이란 내면에서 굳게 믿는 것과
외부에 드러내는 것 사이의 간극을
없애는 것을 의미한다.

_애덤 그랜트

진정성은 자신이 뿌리 내린 신념의 궤적을 삶으로 증명하는 무거운 일관성이다. 내면의 설계도와 외부의 건축물이 어긋날수록 인간은 '위선이라는 유지보수 비용'에 영혼을 저당 잡힌다. 보여지는 나와 실제의 나를 끊임없이 조정해야 하는 비효율적인 연기는 자아를 고갈시키고, 꾸며낸 배역 안에 자신을 가두어버린다.

우리가 진정성을 잃는 이유는 신념의 부재라기보다, 그 신념을 드러낼 용기가 부족하기 때문이다. 인정받고 싶다는 욕망, 갈등을 피하려는 본능, 불이익에 대한 두려움은 내면의 목소리를 점점 작게 만든다. 그 결과 우리는 믿지 않는 말에 고개를 끄덕이고, 동의하지 않는 선택을 반복하며, 종국에는 자신과의 거리조차 가늠할 수 없는 존재론적 미아가 된다.

애덤 그랜트가 말하는 진정성은 집요한 자기정렬의 과정의 결과다. 내면의 신념과 외부로 뱉는 말, 그리고 삶을 증명하는 구체적인 행위 사이의 불일치를 소거하는 과정. 이 간극이 좁혀질수록 인간은 덜 흔들리고, 덜 소모되며 굳이 자신을 증명하기 위해 구차한 설명을 덧붙일 필요도 없어진다. 진정성이란 더 특별한 존재가 되는 마법이 아니다. 그것은 존재를 배반하기를 멈춘, 가장 평온한 상태의 안착이다.

진정한 혁명가는 위대한 사랑의 감정에 의해 이끌린다.
이런 자질이 없는 진정한 혁명가를
생각하는 것은 불가능하다.

_체 게바라

혁명은 분노에서 출발할 수 있지만, 그 분노만으로는 오래 지속되지 않는다. '위대한 사랑'은 감상적인 연민을 넘어, 타인의 고통을 자신의 일처럼 끌어안는 급진적인 책임감이다. 진정한 혁명가는 세상이 더 나아질 수 있다는 믿음을 끝까지 지켜내는 사람이다. 그 사랑이 없을 때 혁명은 쉽게 복수로 타락하고, 저항은 목적을 잃은 폭력으로 변질된다.

사랑이 결여된 혁명은 적을 무너뜨리는 데에는 성공할지 몰라도, 새로운 질서를 세우는 데에는 실패한다. 무엇을 부수느냐보다 더 중요한 것은 무엇을 지키고자 하느냐다. 위대한 사랑은 혁명가로 하여금 인간을 수단이 아닌 목적으로 바라보게 하며, 승리 이후의 세계까지 책임지게 만든다. 사랑은 혁명의 연료이자 브레이크다. 끝없는 파괴로 치닫지 않도록 방향을 붙잡아주는 마지막 기준이 된다.

체 게바라의 통찰은 혁명을 깃발과 구호의 영역에서 끌어올려, 인간이 끝내 외면하지 못하는 사랑의 방향으로 되돌려 놓는다. 진정한 혁명가는 인간에 대한 깊은 신뢰를 행동으로 증명하는 존재다. 사랑이 없는 급진성은 오래가지 못하고, 사랑에 뿌리내린 결단만이 시대를 넘어 살아남는다. 세상을 바꾸는 힘은 감당할 수 있을 만큼의 사랑의 깊이에서 나온다.

한 알의 모래에서 세상을 보고,
한 송이 들꽃에서 천국을 보라.
손바닥 안에 무한을 쥐고,
한 시간 속에 영원을 담으라.

_윌리엄 블레이크

우주는 이미 발밑에 굴러다니는 가장 작고 초라한 것들 속에 완결된 형태로 깃들어 있다. 한 알의 모래는 지질학적 시간을 견뎌 온 지구의 요약본이며, 한 송이 들꽃은 생명의 경이로움을 피워내기 위해 온 우주가 공모한 결과물이다. 거창한 해답을 찾아 외부로 시선을 돌리기보다 지금 눈앞의 작은 존재들을 깊이 응시하는 태도야말로, 반복되는 일상을 밀도 높은 삶으로 전환하는 가장 강력한 인식의 도약이다.

무한과 영원은 지금 이 순간을 살아내는 감각의 밀도에 달려 있다. 물리적인 시간은 쉼 없이 흐르지만, 그 흐름 속에서 존재의 본질을 포착해내는 찰나는 영겁의 시간과 맞먹는 무게를 지닌다. 손바닥 안에 우주를 담고 찰나가 영원이 되는 기적은, 현재에 온전히 깨어 있는 자에게만 허락된 특권이다.

삶의 풍요는 관찰의 깊이에서 비롯된다. 거창한 조망 대신 미세한 존재와 눈을 맞출 때, 인간은 시공간의 제약을 벗어나 무한의 영역에 안착한다. 한 알의 모래와 한 송이 꽃에서서 우주의 전령을 읽어낼 수 있는 섬세한 시선이야말로 우리를 영원으로 인도하는 가장 확실한 지도다. 우리는 단 한 줌의 순간 속에서도 온 우주를 호흡할 수 있는 깊은 내면을 가졌다는 사실을 잊지 말아야 한다.

당신의 배경이 당신의 한계를
정의하도록 내버려두지 마세요.

_셰릴 샌드버그

우리는 종종 과거의 결핍이나 환경적 제약을 자신의 고유한 형질로 오해하며, 그 틀 안에서만 미래를 상상하는 '조건부 열정'에 빠지곤 한다. 하지만 배경이란 우리가 통제할 수 없었던 과거의 잔상일 뿐이며, 그것이 현재의 선택과 미래의 확장을 가로막는 절대적인 기준이 될 수는 없다.

배경에 지배당하는 삶은 자신의 잠재력을 이미 쓰여진 결말 안에 가두는 일과 같다. "이런 환경이었으니 여기까지가 한계다"라는 체념은 외부의 압박보다 무서운 내면의 검열이다. 진정한 성장은 주어진 맥락을 인정하면서도, 그 맥락이 우리를 정의하게 두지 않겠다는 결단에서 시작된다. 배경은 우리가 활용할 수 있는 재료일 뿐, 존재의 본질을 규정하는 마침표가 되어서는 안 된다.

우리는 주어진 환경의 지배력을 거부하고, 고유한 서사의 주도권을 되찾아야 한다. 주어진 조건은 중립적인 사실일 뿐이며, 그것을 '한계'라는 문장으로 끝맺는 펜은 우리의 손에 쥐여 있다. 그러므로 배경을 성장의 자양분으로 삼을지 안주의 변명으로 남길지는 현재 의지에 달린 문제다. 가장 눈부신 도약은 언제나 '그럼에도 불구하고'라는 문장 끝에서 시작되며, 그 순간 우리는 과거라는 중력을 벗어나 스스로 개척한 본연의 궤도에 올라선다.

변화는 항상
위기의 순간에 일어난다.

_파울로 코엘료

안정적인 상태에서 인간은 절대 움직이지 않는다. 변화는 기존의 질서가 무너져 내리는 균열의 틈새에서 시작된다. 위기는 우리를 감싸고 있던 거짓된 안락의 껍데기를 해체하고, 더 이상 예전처럼 살 수 없게 만드는 강제적인 동력이다.

위기가 변화의 촉매가 되는 이유는 그것이 선택지를 없애기 때문이다. 모든 것이 순조로울 때 변화는 '선택'이지만, 위기 속에서 변화는 '생존'의 문제로 전환된다. 낭떠러지 끝에 서서야 우리는 쓰지 않던 근육을 깨우고, 익숙했던 과거를 손에서 놓는다. 즉, 위기는 잠들어 있던 잠재력을 일깨우는 무자비한 각성제다.

변화란 단순히 새로운 것을 받아들이는 단계를 넘어, 낡은 자아를 폐기하는 고통스러운 탈바꿈에 이르는 일이다. 위기의 순간에 느껴지는 아찔한 공포는 변화라는 거대한 도약을 앞둔 존재의 진통과 같다. 파괴는 재건의 전제 조건이다. 낡은 자아가 허물어지는 그 지점에서 새로운 생이 발아하며, 위기는 그 탄생을 알리는 가장 고통스럽지만 확실한 신호가 된다. 변화는 언제나 위기라는 임계점에서 일어난다.

전통이 혁신을 방해하게 두어서는 안 된다.
과거를 존중할 필요는 있지만,
과거를 숭배하는 것은 잘못이다.

_밥 아이거

전통은 과거가 남긴 유산이지만, 그것이 박제된 규율이 되는 순간 미래를 가두는 벽이 된다. 우리는 과거의 성취를 존중하되, 그것을 결코 넘어서는 안 될 성역으로 숭배해서는 안 된다. 존중은 배움을 주지만, 숭배는 눈을 가리기 때문이다.

혁신은 과거의 영광과 결별하는 지점에서 시작된다. 한때 성공을 보장했던 공식이 지금은 전진을 가로막는 장애물이 될 수 있음을 직시해야 한다. 과거를 숭배하는 조직이나 개인은 변화의 흐름 앞에서도 "우리는 늘 이렇게 해왔다"는 나태한 신앙에 빠진다. 이는 존중의 탈을 쓴 비겁한 안주이며, 다가올 미래에 대한 직무유기다.

진정한 혁신가는 과거라는 거울을 보되 그 안에 갇히지 않는다. 유산을 자양분으로 삼으면서도, 필요한 순간에는 가장 소중했던 전통마저 과감히 폐기할 수 있는 냉혹한 통찰력을 유지해야 한다. 어제의 정답이 오늘의 오답이 될 수 있음을 인정할 때, 과거는 막연한 숭배의 대상이 아닌 혁신의 원재료가 된다. 본질적으로 과거는 우리가 딛고 서야 할 발판일 뿐, 우리의 성장을 옭아매는 족쇄가 되어서는 안 된다.

자신의 내면을 다른 사람의
외면과 비교하지 마라.

_마이클 팔머

우리는 타인의 정제된 결과물이나 성공의 화려한 장면처럼 매끄럽게 다듬어진 외면만을 본다. 그 이면에 숨겨진 지독한 망설임과 실체 없는 불안은 보지 못하면서, 정작 자신의 내면은 가장 적나라하게 응시한다. 흔들리는 마음과 미완의 생각, 아직 도달하지 못한 자리까지 모두 들여다보는 것이다. 이 불균형한 정보들을 나란히 놓는 순간, 비교는 건강한 성찰이 아니라 가혹한 자책으로 변질된다.

가장 비극적인 지점은 애초에 결이 다른 두 세계를 억지로 포개어 놓았다는 데 있다. 타인의 외면은 보기 좋게 편집된 이야기이지만, 나의 내면은 편집되지 않은 날 것의 과정이다. 하나는 완벽하게 연출된 하이라이트 영상이고, 다른 하나는 수없이 실수를 반복하는 리허설 현장이다. 이 간극을 무시한 채 자신을 평가하면, 그간 일궈온 성장의 가치는 한순간에 폄하되고 자신에 대한 신뢰는 근거 없이 깎여나간다.

올바른 비교는 타인의 외면을 향하지 않고, 어제의 나와 오늘의 나를 나란히 세우는 데서 시작된다. 우리가 스스로에게 던져야 할 단 하나의 질문은 "남들보다 앞서 있는가"가 아닌 "어제의 나보다 더 성장했는가"이다. 결국, 타인을 기준 삼으면 무기력하게 무너지고, 자신을 기준 삼으면 우리 인생은 완성된다.

어색하다는 것은 당신이
편안한 영역에서 벗어나 성장의 영역으로
들어가고 있다는 신호일 뿐이다.

_잭 캔필드

우리는 낯선 상황이나 새로운 도전에 직면했을 때 본능적으로 '어색함'이라는 감각을 마주한다. 손에 익지 않은 도구를 다룰 때의 서투름, 처음 가보는 길 위의 막막함, 그리고 정해진 답이 없는 선택지 앞에서 느끼는 위축감. 대부분은 이 불편한 공기를 '내가 잘못된 길을 가고 있다'거나 '나와는 맞지 않는다'는 부정적인 신호로 오해하곤 한다. 하지만 어색함은 퇴보의 징후가 아니다.

안락함은 달콤하지만 그 안에는 성장이 없다. 익숙한 일상과 편안한 관계 속에서 우리의 삶은 서서히 정체된다. 반면 어색함은 팽팽하게 당겨진 활시위처럼 우리를 긴장시킨다. 그 낯선 감각은 잠들어 있던 신경을 깨우고, 익숙함에 가려져 있던 잠재력을 강제로 끌어올리기 시작한다.

어색함은 가장 직접적인 성장의 신호다. 낯선 감각에 마음이 일렁인다면, 그것은 지금껏 가두어 두었던 자신의 한계를 깨고 더 넓은 영토로 진입했다는 명확한 증거다. 낯선 공기를 들이마시며 느끼는 위축감은 우리의 삶이 확장되며 발생하는 필연적인 진동에서 비롯되는 것이다. 그러니 어색함이라는 문턱 앞에서 뒷걸음질 치지 마라. 우리는 지금 온몸으로 낯선 계절을 맞이하며 피어나는 중이니까.

시간은 인생의 화폐다.
그것은 당신이 가진 유일한 화폐이며,
그것이 어떻게 쓰일지 결정할 수 있는 사람은
오직 당신뿐이다. 다른 사람들이 당신의 시간을
대신 쓰게 하지 않도록 조심하라.

_칼 샌드버그

시간은 우리가 태어날 때 단 한 번 지급받는, 결코 추가 발행이 불가능한 인생의 유일한 화폐다. 우리는 돈을 잃는 것에는 민감하게 반응하면서도, 그보다 훨씬 귀한 자본인 시간이 타인의 요구나 무의미한 소음 속에 흩어지는 것에는 기묘할 정도로 관대하다.

가장 은밀한 도둑은 우리의 시간을 '대신 써버리는' 타인들이다. 그들은 정중한 부탁이나 사회적 관습, 혹은 타당해 보이는 명분을 앞세워 우리의 화폐를 야금야금 탈취해 간다. 우리는 그들의 기대를 채워주느라 아까운 시간을 억지로 지불하고, 본질과는 상관도 없는 사건들에 소중한 분초를 할당한다. 이 모든 것은 인생이라는 계좌에서 소리 없이 빠져나가는 회수 불가능한 지출이다.

치명적인 비극은 시간을 빼앗기는 순간, 삶의 방향도 함께 넘겨주게 된다는 점이다. 그래서 하루라는 금고를 누구나 드나들게 방치하면 절대 안 된다. 거절해야 할 때 거절하고, 지켜야 할 때 문을 걸어 잠그는 단호함이 필요한 이유다. 이 단호함은 단순히 시간을 아끼는 인색함이 아닌, 내 삶의 주권을 지키려는 최소한의 자기방어다. 시간의 금고를 열 수 있는 열쇠는 오직 자신의 손에만 쥐어져 있어야 한다.

노란색과 주황색 없이는
파란색도 없다.

_빈센트 반 고흐

고흐의 화폭 위에서 파란색은 홀로 고립된 채 존재하지 않는다. 그것은 노란색과 주황색이라는 강렬한 대비가 있을 때 깊이를 얻고, 감정의 온도를 획득한다. 어둠은 빛을 필요로 하고, 차분함은 격렬함을 통해서만 선명해진다. 하나의 색은 다른 색들과의 관계 속에서만 자기 자신이 된다.

삶의 문법도 이와 다르지 않다. 슬픔의 기억이 없는 기쁨은 그저 무채색의 유희일 뿐이며, 시련을 거치지 않은 안온함은 금세 시드는 얄팍한 평화에 불과하다. 밝음과 어둠, 열정과 냉정, 희망과 절망은 서로를 부정하는 적대자가 아니다. 오히려 서로의 존재를 밀어 올려 하나의 완전한 풍경을 완성하는 필연적인 조건들이다. 삶에서 어두운 결을 도려내려는 시도는, 인생이라는 그림에서 깊이를 만드는 음영을 지우는 일과 같다.

온전한 삶이란 서로 다른 색채들이 충돌하고 보완하며 빚어내는 조화의 결과다. 기쁨과 고통, 확신과 흔들림이 함께 겹쳐질 때 인생은 깊이를 갖는다. 그래서 삶의 부정적인 순간들도 더 선명한 색을 완성하기 위한 필수적인 층위인 것이다. 그렇게 모든 색을 받아들일 용기는 우리를 단 하나의 색에 가두지 않으며, 풍요로운 한 폭의 삶으로 우리를 다시 태어나게 한다.

스스로 동기를 부여할 수 없는 사람은 다른 재능이 아무리 뛰어나더라도 평범함에 만족해야 한다.

_앤드루 카네기

아무리 거대한 함선이라도 스스로 나아갈 동력이 없다면 정박한 풍경의 일부로 남을 뿐이다. 타고난 재능은 잠재적인 가능성에 불과하며, 이를 폭발적인 추진력으로 바꾸는 힘은 오직 자기 안에서 솟구치는 열망에서 나온다. 자발적 동기부여는 탁월함의 세계로 진입하기 위해 반드시 갖춰야 할 최소한의 자격이자 최종적인 무기다.

외부의 자극은 출발을 돕는 계기가 될 수는 있지만, 지속적인 전진의 근거가 되지는 못한다. 칭찬과 보상, 경쟁과 압박은 일정한 조건 아래에서 추진력을 만들어내지만, 그것을 끝까지 밀어붙이는 힘까지 제공하지는 않는다. 조건이 사라지면, 발걸음은 멈추고 재능은 다시 정박 상태로 돌아간다. 반면 내부에서 끓어오르는 열망은 조건과 무관하게 작동하며, 장애물 앞에서도 꺾이지 않고, 실패 후에도 다시 일어서게 한다.

탁월함이란 재능의 크기보다 열망의 자가발전 능력에서 결정된다. 자신을 움직이게 하는 힘을 지닌 사람은 환경을 탓하지 않고, 조건을 기다리지 않으며, 결과 이전에 자신의 태도를 먼저 단련한다. 그들은 외부의 인정이 사라져도 멈추지 않고, 실패가 반복되어도 방향을 잃지 않는다. 위대한 성취란 내부에서 끊임없이 에너지를 생성하는 한 인간의 존재 방식이 시간 속에서 증명해낸 결실이다.

우리가 찬성할 때는 그 찬성을 정당화할 수 있는
백 가지 좋은 이유를 찾을 수 있다.
하지만 우리가 무언가를 싫어 할 때는 그 싫음을
정당화할 수 있는 천 가지 이유를 찾아 낼 수 있다.

_새뮤얼 리처드슨

우리는 스스로를 합리적인 존재라 자부한다. 실상은 이미 내려진 감정적 결론을 논리로 그럴듯하게 장식할 뿐이다. 찬성에는 치밀한 숙고가 요구되는 반면, 혐오는 본능에 가까워 즉각적이다. 그렇게 순간적으로 솟구친 적대감은 이성을 점령해, 미움을 정당화할 논리를 쉼 없이 생산하도록 몰아붙인다.

싫어하는 마음은 극도로 고집스러운 동력이다. 대상을 입체적으로 이해하려는 수고를 생략하게 하며, 맥락을 거세하고 복잡한 진실을 단순한 대립 구도로 만드는 데 거침이 없다. 혐오의 언어는 언제나 과잉된 논리로 넘쳐난다. 사실이 빈약할수록 추측이 그 빈자리를 메우고, 근거가 부실할수록 확신은 광적으로 비대해진다. 이때 인간의 이성은 탐구의 도구라는 본질을 잃고 합리화의 수단으로 전락한다.

지성의 품격은 적대감이 문장을 급조하라고 자극할 때, 그 펜대를 꺾는 지적 정직함에서 완성된다. 이는 단순히 자명해 보이는 말을 골라내는 기술을 넘어, 아직 말해지지 않은 사실과 불편한 맥락까지 온전히 견뎌내는 태도다. 사고의 깊이는 바로 그 지점에서 준엄한 인내를 거쳐 실체를 드러내기 마련이다.

우리는 매일 적어도 한 편의 작은 노래를 듣고,
한 편의 좋은 시를 읽고,
한 폭의 아름다운 그림을 보고,
가능하다면 몇 마디의 지혜로운 말을 해야 한다.

_요한 볼프강 폰 괴테

우리의 정신은 매일 정보와 효율, 성과의 언어에 노출되며 점점 거칠어지는데, 노래와 시, 그림은 그 거친 표면을 차분히 닦아내는 역할을 한다. 예술은 비록 시간을 절약해주지는 못할지라도, 우리 앞에 놓인 시간을 견딜 수 있게 만드는 힘을 지녔다. 그것은 하루를 통과하는 감정의 결을 무디게 하지 않도록, 감각을 다시 살아 있게 하는 최소한의 의식이다.

작은 노래 한 편은 마음의 호흡을 고르고, 시 한 편은 언어의 깊이를 회복시키며, 한 폭의 그림은 시선을 느리게 만든다. 이런 자족적인 흐름 속에서 우리는 다시 자신을 만난다. 여기에 자신의 입으로 지혜로운 말을 내뱉으려 노력하는 행위가 더해질 때, 우리는 수동적인 관찰자를 넘어 자신의 삶을 조각하는 주체로 거듭난다.

괴테의 말처럼, 매일 영혼이 스며든 예술을 접하며, 사유가 담긴 언어를 빚어내는 사람 어떤 황량한 환경 속에서도 스스로를 아름답게 가꿀 힘을 얻게 된다. 위대한 작품이 아니어도 충분하며, 많은 양도 필요 없다. 중요한 것은 매일의 접촉이다. 오늘 우리가 머문 짧은 감각들이 내일의 우리를 지탱할 가장 단단한 영혼의 뼈대가 되기 때문이다.

질서와 단순화는
어떤 주제의 통달을 위한
첫 번째 단계이다.

_토마스 만

통달은 더 많은 정보를 쌓는 데서 시작되지 않는다. 오히려 과잉된 정보는 본질을 가리는 안개에 불과하다. 흩어진 요소들을 정리하고, 불필요한 것을 덜어내며, 핵심만 남기는 치열한 소거의 과정에서 통달을 향한 길이 열린다. 질서란 복잡함을 억누르는 힘이고, 단순화란 본질을 드러내는 용기다.

우리는 흔히 깊이를 복잡함으로 착각한다. 설명이 늘어나고 말이 많아질수록 이해에 가까워졌다고 믿지만, 실제로는 그 반대인 경우가 많다. 스스로 이해하지 못한 대상일수록 말은 장황하게 늘어나고, 장악하지 못한 지식일수록 구조는 위태롭게 흔들린다. 단순하게 설명할 수 없다는 것은 아직 자기 것으로 만들지 못했다는 신호다.

질서와 단순화는 결과가 아니라 준비다. 사유의 토대를 고르고, 생각의 우선순위를 세우며, 무엇이 중요한지 스스로에게 명확히 하는 일. 그 과정을 거치지 않은 숙련은 요령에 불과하지만, 정돈된 이해 위에 쌓인 지식은 쉽게 흔들리지 않는다. 본질을 장악한 이해만이 군더더기 없이 명료해지며, 불필요한 무게를 덜어낸 사유만이 지혜라는 이름으로 가볍게 날아오른다.

2**58** 짜증을 멈추는 한 가지 방법은
사람들이 완벽하기를
기대하지 않는 것이다.

_웨인 다이어

우리가 타인에게 느끼는 짜증은 대개 상대의 결함 그 자체보다, 우리가 설정한 기준에 미달했다는 사실에서 기인한다. 완벽을 기대하는 순간, 타인은 고유한 존재가 아닌 '평가의 대상'으로 전락하며 관계의 모든 여백은 긴장으로 채워진다. 즉, 짜증은 상대의 무능력에서 비롯되지 않고, 우리의 높은 기대치와 뒤엉킨 현실 사이의 벌어진 간극에서 자라나는 감정의 독소다.

완벽함이라는 가상의 잣대는 관계를 개선하기보다 통제의 욕망을 부추긴다. 기대를 앞세울수록 사소한 실수는 치명적인 결함으로 둔갑하고, 우리는 타인의 불완전함에 병적으로 예민해진다. 반면 타인에 대한 기대를 거두는 것은 인간 본연의 결핍을 있는 그대로 수용하겠다는 지혜로운 선택이다. 불완전함을 인간의 기본값으로 전제할 때, 지성은 판단의 날을 세우기보다 이해의 공간을 먼저 마련한다.

이러한 태도는 체념이 아닌 '심리적 해방'이다. 타인의 완벽하지 않음을 받아들이는 순간, 우리는 불필요한 실망의 반복에서 벗어나게 된다. 평온은 세상을 바라보는 시선의 각도를 수정한 결과물이다. 마음의 질서는 타인을 교정하려는 헛된 시도를 멈추고, 불완전함을 필연으로 수용하는 관대함 속에서 완성된다.

절대 문을 쾅 닫지 마라.
언젠가 그 문을 통해
다시 돌아가야 할 수도 있다.

_로버트 브롤트

분노는 종종 우리에게 '다시는 보지 않겠다'는 오만한 확신을 심어준다. 그 순간의 격정은 뒤를 돌아보지 않고 문을 쾅 닫아버리게 만들며, 마치 그 문 너머의 세상이 영원히 삭제된 것처럼 착각하게 한다. 하지만 삶은 오묘한 순환의 연속이다. 영원히 끝난 줄 알았던 인연이 예기치 못한 교차로에서 다시 나타나고, 다시는 발 들이지 않겠노라 맹세했던 곳이 유일한 생존의 비상구가 되기도 한다.

어른의 문법이란 솟구치는 감정을 무조건 참아내는 인내를 넘어, 감정 이후의 시간을 계산하는 능력이다. 감정의 배설은 순간의 통쾌함을 줄지 모르지만, 실상은 스스로를 가두는 벽을 세우는 것과 다름없다. 삶의 어떤 문도 일방통행으로 설계되지 않았다. 오늘 내가 홧김에 여지없이 닫아버린 그 문이, 훗날 내가 절박하게 두드려야 할 유일한 구원의 통로가 될 수 있다는 사실을 잊지 마라.

관계를 맺는 것보다 어려운 것은 관계를 '닫는' 방식이다. 누군가와 결별하거나 머물던 자리를 떠날 때, 끓어오르는 기분을 쏟아내듯 문을 밀쳐내지 않는 것이 중요하다. 끝을 대하는 태도에는 그 사람만의 고유한 인격이 고스란히 남는다. 그렇게 기억된 마지막 뒷모습은, 훗날 다시 마주할 미래를 어떻게 열어둘지 결정한다.

각 개인이 성장하지 않고는 더 나은 세상을
만드는 것은 기대할 수 없다.
이를 위해 우리 각자는 자신의 발전을 위해
노력하는 동시에 모든 인류에 대한
일반적인 책임을 공유해야 하며,
특히 우리가 가장 도움이 될 수 있다고 생각하는
사람들을 돕는 것이 우리의 특별한 의무이다.

_마리 퀴리

더 나은 세상은 거대한 제도나 추상적인 이상에서 시작되지 않는다. 그것은 각자가 자신의 자리에서 조금 더 나아지려는 노력들이 축적될 때 모습을 드러낸다. 개인의 성장을 외면한 채 공동의 미래만을 기대하는 것은, 뿌리 없는 나무가 숲을 이루길 바라는 일과 다르지 않다.

자신의 능력을 키우는 일은 동시에 그 능력을 어디에 사용할 것인가에 대한 질문을 동반한다. 지식과 기술, 영향력은 중립적이지 않다. 그것이 개인의 이익에만 머물 때 세상은 정체되고, 타인을 향할 때 세상은 궁극적으로 발전한다. 성장에는 언제나 책임이 따라붙는다. 내가 가장 잘 도울 수 있는 사람은 누구인가, 지금의 나로 무엇을 돌려줄 수 있는가라는 질문이 빠질 수 없다.

마리 퀴리의 통찰은 이상주의가 아니라 실천의 윤곽을 제시한다. 자신을 단련하는 사람만이 타인을 도울 수 있고, 타인을 돕는 성장은 다시 자신을 확장시킨다. 더 나은 세상은 개인 성장과 인류에 대한 책임이 맞물리는 지점에서 천천히 만들어진다.

최대한의 행복

이 책의 마지막 페이지에 도달한 지금, 우리는 이미 처음과는 다른 자리에 서 있습니다. 무언가를 더 얻는 것을 넘어, 무언가를 다르게 바라보기 시작했기 때문입니다. 여전히 바쁘고, 여전히 세상은 빠르게 흘러갑니다. 우리는 어쩌면 여전히 스마트폰을 손에서 놓지 못하고 있을지도 모릅니다. 그러나 분명한 사실은 우리의 내면 어딘가에 '생각하려는 힘'이 다시 숨을 쉬기 시작했다는 사실입니다. 이 책을 끝까지 읽어냈다는 것만으로도, 우리는 이미 멈추지 않고 흘러가던 시대의 속도에서 한발 물러설 용기를 선택한 것입니다.

마지막 질문을 던져봅니다. 우리는 무엇 때문에 많은 돈을 필요로 하는 걸까요? 더 큰 집, 더 좋은 차, 더 비싼 옷을 향한 끝없는 갈망은 더 행복해지고 싶다는 마음에서 비롯된 것은 아닐까요? 우리는 돈을 벌고, 성공을 추구하며, 부를 축적하려고 노력합니다. 앞서 보았듯이, 우리는 역사상 가장 풍요로운 시대를 살면서도 좀처럼 행복하지 않습니다. 그 이유는 단순합니다. 행복의 방향을 바깥에서만 찾고, 그 본질을 오해해 왔기 때문입니다.

행복의 비밀은 우리가 어떤 마음의 방향으로 살아가느냐에 달려 있습니다. 이것은 막연한 위로나 긍정의 주문이 아닙니다. 이 책을 통해 만난 수많은 현자들의 통찰이 반복해서 증명해 온 진리입니다. 에픽테토스는 우리가 통제할 수 없는 것에 매달릴수록 불행해진다고 말했고, 통제할 수 있는 유일한 영역인 관점과 태도에 집중하라고 가르쳤습니다. 쇼펜하우어 역시 끝없는 욕망의 충족을 탈피한, 절제를 통해서만 인간은 평온함에 도달할 수 있다고 말했습니다. 그들의 사상은 서로 다른 시대에서 태어났지만, 한 가지 진실을 가리킵니다. 행복은 외부 조건의 결과물이기보다, 안에서 길러지는 마음의 근력이라는 사실입니다.

삶을 관통하는 본질은 어떤 철학과 목표, 관계와 기준을 품고 살아가는가입니다. 어떤 시선으로 세상을 바라보는지, 무엇을 향해 하루를 쓰는지, 누구를 곁에 두고 어떤 선택을 반복하는지가 필연적으로 인생의 방향을 결정합니다. 돈을 벌고 성공을 이루더라도 이 근간이 흔들리면 마음은 좀처럼 평온해지지 않습니다. 반대로

이 뿌리가 단단하다면, 외부 조건이 완벽하지 않아도 삶은 쉽게 흔들리지 않습니다.

이것은 먼 미래의 약속이 아닙니다. 행복은 언젠가 도달해야 할 목적지가 아니라, 지금 이 순간 선택할 수 있는 태도입니다. 조건이 갖춰질 때까지 삶을 미루지 않아도 됩니다. 지금 가진 것에 감사하고, 관점을 조정하며, 의미 있는 관계에 마음을 기울이기로 결심하는 순간 우리는 이미 행복의 문턱에 서 있습니다.

행복은 한 번의 획득으로 고정되는 상태이기보다, 지속적으로 가꾸어야 하는 삶의 근력입니다. 운동을 멈춘 몸이 다시 약해지듯, 생각하지 않는 마음은 쉽게 무너집니다. 이 책에서 만난 생각들 또한 마찬가지입니다. 한 번 읽고 덮는 순간 그것들은 지식으로 머물지만, 되새기고 삶에 옮길 때 그제야 태도가 됩니다. 그 태도가 하루의 선택을 바꾸고, 그 선택들이 쌓여 우리의 삶을 조용하지만 분명하게 다른 방향으로 이끌 것입니다.

여기 아름다운 진실이 있습니다. 행복은 누군가에게 전염되고 퍼져나갈 수 있다는 점입니다. 한 사람이 온전히 행복해지는 일은 결코 개인적인 사건에 그치지 않습니다. 행복은 말보다 태도로, 설명보다 분위기로 전해집니다. 우리의 표정 하나, 말투 하나, 관계를 대하는 온도는 의식하지 않는 사이 주변의 공기를 바꿉니다. 진심으로, 행복으로 충만해진 사람 곁에서는 누군가의 하루가 조금 가벼워지고, 누군가의 마음은 이유 없이 놓이게 됩니다. 이것은 추상적인 담론이기보다, 삶의 현장에서 매일 반복되는 실제입니다. 행복은 그렇게 번집니다. 한 사람의 평온이 두 사람의 숨을 고르게 하고, 두 사람의 안정이 관계의 결을 바꾸며, 그 관계들이 모여 공동체의 분위기를 서서히 바꿉니다. 우리가 행복해지는 일은 결국, 세상을 조금 더 살 만한 곳으로 만드는 근원적인 기여입니다.

그 모든 변화의 근원에는 생각하는 힘이 있습니다. 생각의 멸종 시대에 우리가 다시 사유하기 시작할 때, 삶의 방향은 놀라울 만큼 달라집니다. 생각은 곧 선택이 되고, 선택은 행동이 되며, 반복된 행동은 근본적으로 삶의 구조를 바꿉니다. 작은 인식의 이동이 예상보다 큰 변화를 불러오는 이유입니다. 이것은 매 순간 삶의 현장에서 정직하게 증명된 사실입니다. 이 책에서 만난 수많은 현자들 역시 외적 요소가 아닌 사유의 방식을 바꾸며 삶을 다시 세웠고, 자신의 삶을 바로 세운 뒤에야 세상과 건강하게 관계 맺을 수 있었습니다.

그러나 여기서 짚고 넘어가야 할 것이 있습니다. 생각은 삶을 비추는 등불이지만, 그 빛이 실제 길이 되기 위해서는 반드시 한 걸음의 용기가 필요하다는 사실입니다. 올바른 생각을 아는 것만으로는 충분하지 않습니다. 생각은 행동으로 옮겨질 때 마침내 삶의 일부가 됩니다. 아무리 깊은 통찰도 머무르는 순간에는 사유에 그칠 뿐, 움직이는 순간에만 현실을 바꾸는 힘이 됩니다.

물론 두려움은 늘 함께할 것입니다. 실패할 수도 있고, 오해받을 수도 있으며, 때로는 누구에게도 이해받지 못하는 선택 앞에 서게 될지도 모릅니다. 그럼에도 한 걸음을 내딛는 것, 그 단호한 결의가 바로 용기입니다. 이미 배운 것처럼 용기란 두려움이 사라진 상태가 아닙니다. 두려움을 안고도 방향을 선택하는 태도입니다. 이 책에서 행복, 관계, 자유, 성장, 의미와 같은 모든 통찰은 이 용기를 통해서만 삶 속으로 스며듭니다. 거창할 필요는 없습니다. 오늘 누군가에게 미뤄두었던 고마움을 전하는 일, 피하고 있던 대화를 시작하는 일, 자신의 실수를 인정하거나 오래 묵힌 마음을 풀어내는 일. 아주 작은 선택 하나면 충분합니다. 삶은 언제나 사소한 결단에서 방향을 바꾸기 때문입니다.

이제 이 책을 덮을 시간입니다. 하지만 이는 끝이 아닌, 생각이 삶으로 건너가는 출발선입니다. 우리는 이미 다시 생각하기로 선택했고, 그 선택이 우리를 여기까지 이끌었습니다. 이제 남은 것은 생각을 구체적인 실천으로 옮기는 일입니다. 화면을 잠시 내려놓고, 사람을 만나고, 깊이 사유하며, 차분히 행동하십시오.

하루하루를 살아가는 동안, 우리는 물질적 풍요 속에서 길을 잃었던 마음을 회복하고, 의미 있는 삶의 온도를 다시 느끼게 될 것입니다. 그 평온은 머물지 않고, 우리가 만나는 사람들, 관계, 공동체를 향해 자연스럽게 번져 나갈 것입니다. 이 책에 담긴 것은 거창한 철학이 아닙니다. 다만 인생을 살아가기 위해 꼭 필요한 최소한의 생각들입니다. 그 생각들이 삶으로 이어질 때, 그 안에서 우리의 삶을 가득 채울 최대한의 행복이 피어날 것입니다.

응원하겠습니다. 진심으로...

생각을

쓰다

인생을 위한 최소한의 생각

—

초판 1쇄 발행 2026년 2월 25일
초판 43쇄 발행 2026년 4월 22일

—

지은이 신영준, 고영성
펴낸이 고영성

—

책임편집 유형일

—

펴낸곳 (주)상상스퀘어
출판등록 2021년 4월 29일 제2021-000079호
주소 경기 성남시 분당구 성남대로43번길 10, 하나EZ타워 307호
팩스 02-6499-3031
이메일 publication@sangsangsquare.com
홈페이지 www.sangsangsquare-books.com

—

ISBN 979-11-24248-17-1 (03190)

—

· 상상스퀘어는 출간 도서를 한국작은도서관협회에 기부하고 있습니다.
· 이 책은 저작권법에 따라 보호를 받는 저작물이므로 무단 전재와 복제를 금지하며,
  이 책 내용의 전부 또는 일부를 사용하려면 반드시 저작권자와 상상스퀘어의 서면 동의를 받아야 합니다.
· 파손된 책은 구입하신 서점에서 교환해드리며 책값은 뒤표지에 있습니다.